GUIARAMA COMPACT

AF278060

Segovia

por **Ignacio Sanz, Javier Aguiar
y María Ramos**

ANAYA
TOURING

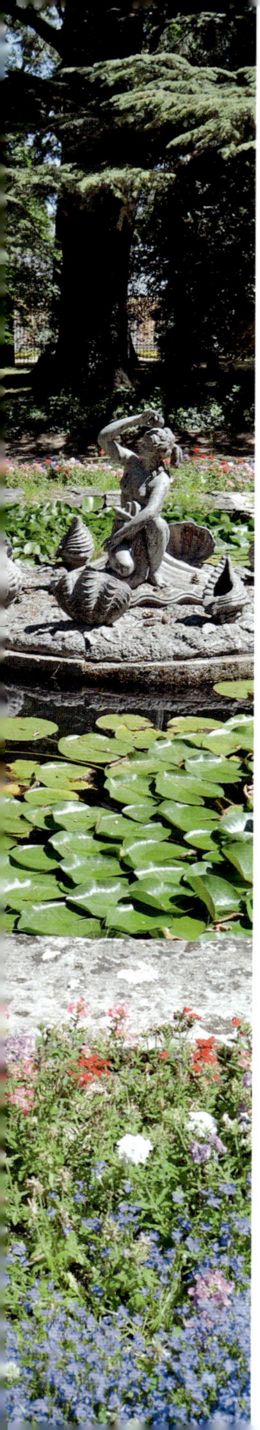

Autores: **Ignacio Sanz, Javier Aguiar** y **María Ramos** (Diez Indispensables).
Responsable de proyecto: **Esther García González**
Actualización y edición: **Isabel Jiménez.**
Equipo técnico: **David Lozano**
Cartografía: **ANAYA Touring.**
Diseño de colección: ***marivíes***

Fotografías: **123rf: albertoloyo**: 87 b, 106-107; **karsol**: 66-67; **ncuisinier**: 19 b; **sandermeertinsphotography**: 20 a; **vallefrias**: 89; **victoriashelest**: 62. **Anaya:** 24, 25 a y b. **Candel, C.**: cabecera Visita, 37. **Steel, M.**: 63 a y b, 72-73, 98 a, b y c, 100 a, 118 a y b, 119 a y b. **Dreamstime**: **Alcaproac**: 88; **Andronov, Leonid**: 34-35; **Barrio Arribas, Juan Enrique del:** 61 a y b, cabecera Excursiones, 83, 118-119, 123 a y b; **Bueno Lumbreras, Álvaro**: 60; **Caparros Cruz, Felipe**: 55; **Colac, Sorin**: 48-49; **Cossie Blesa, Manuel**: 19 a; **Demidoff**: 134; **Emicristea**: 43; **Fuentes Serrano, Juan Pablo**: 20 b; **Gil Oreja, Francisco Javier**: 87 a; **H368k742**: 103 b; **Jjfarq**: 102; **Kozlowski, Karol**: 45, 130; **Martín, María Fuencisla**: 104, 105; **Ncuisinier**: 121 a; **Quintanilla**: 121 b; **Rubengalvezfoto**: 90; **Ruiz Pérez, María**: 2; **Sedmak, Jozef**: 13 a y b, 33, 36, 70, 71 a y b, 128-129; **Semik, Richard**: 22-23; **Soler Martinez, Carlos**: 84; **Stancu, Andrei**: cabecera 10 indispensables, 51 a, b y c; **Tokarz, Aleksandra**: 14. **Gil F. V., Manuel:** 10, 46, 52-53, 97. **Shutterstock: AdrianNunez**: 114-115; **Andronov, Leonid**: 38; **Arienzo, Carmine**: 17; **Barrio, Juan Enrique del**: 64, 74-75, 109, 110, 111; **Bertl123**: 65; **Blazar SLU**: 122; **Caunt, Mark**: 20 c; **ColorMaker**: 32; **Deng, Songquan**: 26-27; **ecstk22**: 28; **Garcia Huertas, Helena**: 100 b; **Geel, Hans**: 124; **Goke30**: 112; **Grandi, Diego**: 47; **Izabela23**: 44; **KarSol**: 116; **klublu**: cabecera Dónde; **leoks**: 6-7; **Loyo, Alberto**: 127; **LucVi**: 41; **Maekfoto**: 21; **Marques**: 13 c, 81; **milosk50**: 69; **Noradoa**: 125; **Panpiki**: 15 b; **R A A**: 11; **Rodriguez Martin, Enrique**: 103 a; **Sanchez, Jose Miguel**: 16; **Schrodter, Hans C.**: 99; **Sedmakova, Renata**: 58, 71 c; **Silva Yubero, Ruben**: 15 a; **Tokarz, Aleksandra**: 76-77; **trabantos**: 92-93; **Vilela, Alvaro German**: 39, 56; **Vlas Telino studio**: 8-9.

8ª edición: febrero 2024

Depósito legal: M-35337-2023
ISBN: 978-84-9158-731-6
Impreso en España-Printed in Spain

PAPEL DE FIBRA CERTIFICADO

Contenido

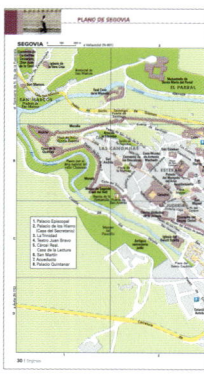

Cómo usar esta guía

Antes del viaje

Se sugiere la lectura de la sección **Diez Indispensables** (de la página 7 a la 25), que contiene artículos sobre la historia, el arte, la naturaleza y las gentes de Segovia escritos por Ignacio Sanz y Javier Aguiar. Para quienes opinan que la **gastronomía** es uno de los atractivos del viaje, la sección del mismo nombre (páginas 130 y 131) ofrece una visión bastante completa de aquellas especialidades segovianas que pueden despertar la curiosidad del viajero.

Durante el viaje

En la parte dedicada a la **Visita a Segovia** –de la página 27 a la 73– se describe la ciudad a través de dos itinerarios. En ellos se da información detallada de los lugares de mayor interés. El **plano** que aparece en las páginas 30-31 puede ser de gran utilidad para realizar estos desplazamientos por la ciudad.

Bajo el epígrafe **Excursiones por la provincia de Segovia** (de la página 75 a la 127) se proponen cuatro itinerarios de un día por la provincia, que son otras tantas alternativas para visitar aquellas zonas que tienen un singular valor histórico, paisajístico o monumental. Encontrará un **mapa de carreteras** de la provincia en las páginas 78-79.

La hora de comer (y cenar)

Dentro del capítulo titulado **Dónde** se incluye una selección de **restaurantes** por localidades, calidades y precios. En esta misma sección se facilita también información sobre un buen número de **actividades** con las que ocupar el tiempo libre, como por ejemplo las fiestas de las principales localidades.

Use los índices

Al final de la guía encontrará un **índice de lugares** de interés que permite localizar con facilidad las páginas en las que hay alguna información de utilidad.

Planificación del viaje

En función del tiempo del que se disponga, puede conseguirse el máximo provecho a la estancia en Segovia y su provincia siguiendo las sugerencias siguientes:

Una semana
Visite la ciudad siguiendo los itinerarios urbanos que se proponen en esta guía y elija, entre las cuatro excursiones propuestas, las que le resulten más atractivas. Para comer, siga los consejos de las secciones **Gastronomía** y **Restaurantes** y, para cualquier otra actividad en la que ocupar sus momentos libres, consulte el apartado **Dónde**.

Fin de semana
Si su estancia en la ciudad se limita a un fin de semana, visite los monumentos descritos en los itinerarios y seleccione una excursión, entre las que se proponen, a cualquier punto de la provincia.

Clasificación por estrellas

La mayoría de los lugares descritos en el libro se han clasificado por su grado de interés como sigue:

** Visita obligada
* Interesante

SÍMBOLOS UTILIZADOS

A lo largo de la guía se han utilizado símbolos sencillos y claros para indicar las siguientes categorías:

- información turística
- referencia a los planos
- dirección o localización
- número de teléfono
- página web
- horario
- precio
- información de interés

SIGNOS CONVENCIONALES EN LOS PLANOS

Edificios de interés turístico	Vías rápidas
Parques y jardines	Calles peatonales
Información turística	Aparcamientos

Excursiones por Segovia

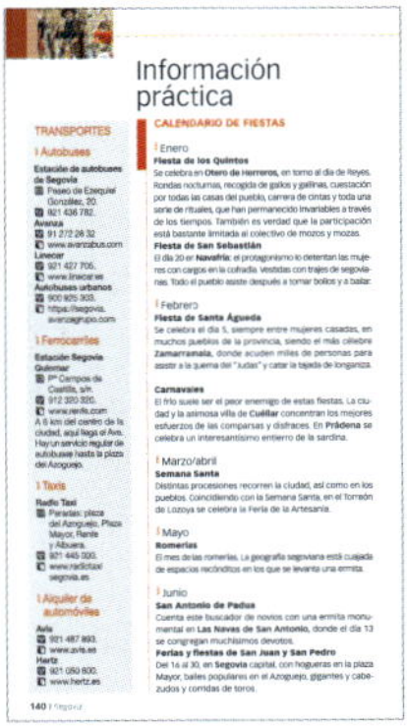
Información práctica

Índice de lugares

10
Indispensables

El acueducto y la Segovia romana

Símbolo indiscutible de la ciudad, recientes trabajos arqueológicos han permitido afinar su fecha de construcción. Pero no es el único vestigio del Imperio romano en la provincia.

El casco viejo de Segovia fue declarado Patrimonio Mundial por la Unesco en 1985. Esta inclusión supuso numerosas actuaciones de mejora y conservación de los tesoros artísticos y arquitectónicos que guarda el conjunto histórico. El mayor de ellos, sin duda, el acueducto. Un congreso celebrado en Segovia en torno a las urbes romanas al sur del valle del Duero aportó un dato que ha servido para corregir la cronología de su construcción: los arqueólogos encontraron en la base de uno de sus tres pilares más elevados, en mitad del Azoguejo, un sestercio acuñado entre el final del mandato del emperador Trajano y el principio del de su sucesor, Adriano. Es decir, entre los años 112 y 116 de nuestra era.

Cada vez que se realiza algún tipo de actuación en el subsuelo de la ciudad afloran vestigios de aquella época como restos de edificios públicos o privados, aljibes, estucos, trazados de calles, vidrios, *terra sigillata*...: el visitante puede hacerse una idea precisa de la importancia de esta población, que ya

Info

Centro de Recepción de Visitantes
- ✉ Azoguejo, 1.
- ☎ 921 466 720/21.
- 🔗 https://turismodesegovia.com

Centro de Interpretación del Acueducto
- ✉ Real Casa de Moneda. Moneda, s/n.
- ☎ 921 475 109.
- 🕐 De miércoles a sábado, de 10 h a 14 h y de 16 h a 18 h; domingo de 10 a 14 h.
- 🎫 Entrada: 4,50 € (miércoles no festivo acceso gratuito). La entrada es conjunta con el Museo de la Real Casa de la Moneda.

Casa del Sol. Museo de Segovia
- ✉ Socorro, 11.
- ☎ 921 460 615.
- 🔗 https://museoscastillayleon.jcyl.es
- 🕐 De martes a sábado, de 10 h a 14 h y de 16 h a 19 h (octubre-junio); de 17 h a 20 h (julio-septiembre). Domingo, de 10 h a 14 h.
- 🎫 Entrada: 1 € (los fines de semana acceso gratuito).

Patrimonio Mundial Unesco

en tiempos de Tiberio (a principios del siglo I d. C.) ostentaba el rango de municipio de derecho latino, visitando el Museo de Segovia, donde se custodian muchos de estos vestigios. Y también paseando por el cierre perimetral de su muralla, entre cuyas piedras se alojan numerosos pedestales con inscripciones y restos de estelas funerarias. O en el Museo de la Real Casa de la Moneda, donde abre sus puertas el Centro de Interpretación del Acueducto: aquí se exhibe un as romano con la inscripción más antigua del nombre de la ciudad.

Hoy en día se sabe que el espacio de la actual provincia de Segovia –cuya ordenación se realizó en 1833– se dividía en varios territorios autónomos pertenecientes a las tres urbes más importantes: Segovia, *Cauca* (Coca) y *Coflaenta* (Duratón). Entre ellas, numerosas villas agrícolas y una importante calzada, la XXIV del Itinerario de Antonino, que comunicaba ambas mesetas. Las excavaciones en el yacimiento de Los Mercados, cerca de Duratón, están sacando a la luz lo que fue la ciudad de *Coflaenta*, la única segoviana que se puede excavar en su totalidad ya que se despobló desde la época visigoda.

Coca fue la cuna del emperador Teodosio, nacido en el año 347 d. C. y, vinculado a él y su sucesión, parece que se construyó la muralla del Cerro de la Virgen del Castillo, en Bernardos. Y dos villas de interés, la de Paradinas (en Santa María la Real de Nieva) y la de Santa Lucía (en Aguilafuente). Esta última cuenta con un Aula Arqueológica en la iglesia de San Juan Bautista.

Info

Aula Arqueológica de Aguilafuente

✉ Iglesia de San Juan Bautista (Aguilafuente).

☎ 605 842 481/ 921 572 038.

🕐 Sábado, domingo y festivos, de 11 h a 13 h y de 17 h 19 h.

🎟 Entrada: 3 €

▼ Acueducto de Segovia, símbolo indiscutible de la ciudad.

Museo Esteban Vicente

Nada más pisar la ciudad de Segovia la primera sensación que se disfruta es la de que aquí el arte tiene un hueco muy especial, sobre todo el contemporáneo.

2

Info

Museo de Arte Contemporáneo Esteban Vicente

- ✉ Plazuela de las Bellas Artes, s/n.
- ☎ 921 462 010.
- 🖰 www.museoesteban vicente.es
- ⏱ De martes a viernes, de 11 h a 14 h y de 16 h a 19 h; sábado de 11 h a 20 h; domingo y festivos, de 11 h a 15 h.
- ♿ Buena accesibilidad.
- 🎫 Entrada gratuita.

▶ Museo de Arte Contemporáneo Esteban Vicente.

De un tiempo a esta parte, la ciudad se ha convertido en un importante punto de encuentro de artistas que buscan en estas tierras inspiración y prestigio. A esta cada vez mayor apertura a las vanguardias ha contribuido en buena medida el Museo Esteban Vicente, situado en la plazuela de las Bellas Artes. Fue inaugurado a finales de los años 90 del siglo pasado y debe su nombre al más ilustre artista local, Esteban Vicente (Turégano 1903-Long Island 2001), único miembro español de la primera generación de la Escuela de Nueva York del Expresionismo Abstracto Americano.

El museo se ubica en el antiguo palacio de Enrique IV de Trastámara, de mediados del siglo XV. En su interior se puede contemplar una exposición permanente, con 48 óleos, 27 *collages,* 51 dibujos, 4 acuarelas, 16 esculturas en pequeño formato, 2 litografías, 4 serigrafías y un tapiz, obras todas del propio Esteban Vicente. Además de esta colección personal, el museo acoge exposiciones temporales de arte muy pegadas a las vanguardias. Paralelamente organizan muchas actividades culturales: conferencias, mesas redondas, cursillos...

Las cinco salas especialmente acondicionadas para las exhibiciones encuentran su complemento en una capilla renacentista con artesonado mudéjar (actual auditorio) y un jardín donde están depositadas las cenizas del artista segoviano.

Ciudad de festivales

El casco antiguo segoviano se convierte en escenario y foro de debate para acoger, entre marzo y noviembre, multitud de actividades relacionadas con a música, las letras, el arte y el cine.

3

N o solo de patrimonio monumental vive el turista que llega a Segovia: una completa agenda de festivales, algunos con bastante solera, se despliegan en un calendario que abarca de la primavera al otoño y que culmina en los meses estivales con una incesante actividad. La protagonista es, sin duda, la música. Así, en sus más variadas acepciones: desde el Festival de Música Diversa, que ya ha cumplido 15 convocatorias y que lleva los acordes de diversas disciplinas, desde la música clásica al hip-hop, a emplazamientos como la Plaza Mayor o el último centro de creación abierto en a ciudad, el de la antigua cárcel, a la Semana de Música Sacra que se realiza durante los días de Pascua, el Festival Folk Segovia –junio y julio– y los conciertos de música latina, zarzuela, fado o flamenco del Festival de Segovia (también en julio). Agosto es para los ciclos "Los lunes en la Moneda" y "Los martes en la muralla", nocturnos y musicales también como las actividades de "Vete al fresco". Octubre acoge el Festival de Música Contemporánea, protagonizado por las agrupaciones musicales. Y a finales de noviembre comienza Segojazz, un encuentro para los apasionados del jazz que desde 2017 recala en la Cárcel_Segovia Centro de Creación.

Mención aparte merece Titirimundi, uno de los festivales de títeres más importantes de Europa. Cuando dio sus primeros pasos, en 1985, lo hizo con el mismo objetivo que aún mantiene: divulgar el valor cultural y artístico del teatro de títeres. Un arte tradicional que se combina sabiamente con las últimas vanguardias. Durante una semana, a mediados de mayo, presenta cerca de 300 espectáculos distribuidos en 40 funciones diarias a cargo de otras tantas compañías llegadas de todo el mundo. Una cita ineludible para niños y adultos.

El mes de septiembre es para el Hay Festival, encuentro que reúne en la ciudad a autores de renombre internacional. Una pasión por la palabra que se inicia en julio con el Festival de Narradores Orales. Por último, en noviembre se realiza Sé_Cine, la Muestra de Cine de Segovia, con filmes europeos, complemento del Ciclo de Cine Israelí que tiene lugar en agosto.

Info

**Titirimundi
Festival Internacional
de Títeres**
✉ Av. Juan Carlos I, 9.
⌂ https://titirimundi.es

El tardorrománico segoviano

Al sur del Duero, en los territorios de la Extremadura castellana, floreció un románico de peculiares características que en Segovia adquiere una estética específica al mezclarse con el mudéjar.

▶ Ejemplos notables del románico en la ciudad de Segovia. De arriba abajo, las iglesias de San Millán, San Lorenzo y San Martín.

Cuentan las crónicas que, a los ojos de un viajero musulmán, la Segovia del Medievo no parecía una urbe, sino una agregación de parroquias sobre el alto espolón que circundan los ríos Eresma y Clamores.

Segovia es, junto con Zamora, la capital provincial española con mayor concentración de edificios románicos. Pasear por la ciudad vieja y sus arrabales se convierte así en un delicioso deambular por aquel tiempo comprendido entre los siglos XI y XIII, en los que se desarrolló una arquitectura románica específica de la Extremadura castellana –Soria, Segovia, Guadalajara–, singularizada por la construcción de galerías porticadas orientadas al oeste y al sur en las que, a toque de concejo, se reunían los vecinos para dirimir los asuntos comunes. Aunque los elementos exteriores de estas iglesias están muy meteorizados, en el interior conservan en bastante buen estado arcos, capiteles y algunas pinturas murales: suficiente para armar el puzle de un estilo icónico. Los templos de San Millán, San Esteban, la Vera Cruz, San Justo, San Nicolás o San Lorenzo son algunos de sus mejores ejemplos.

Pero el románico segoviano no solo prosperó en la capital: está diseminado por toda la provincia con magníficos templos de un estilo rural (ver pág. 82) que al noroeste, en la Tierra de Pinares, se fusionó con el mudéjar, un arte a medio camino entre el islámico y el cristiano que es, posiblemente, la manifestación artística más genuina de la medieval España de las tres culturas. Cuéllar, con su Centro de Interpretación del Arte Mudéjar, es el punto de partida de cualquier itinerario por el románico del ladrillo y sus iglesias de San Martín, San Andrés y San Esteban, imprescindibles referencias. Un románico que forma también parte de la desgraciada historia del expolio patrimonial en Castilla: el ábside con murales de San Martín de Fuentidueña se exhibe en The Cloisters Museum de Nueva York.

Sefarad en Segovia

La huella de la comunidad hebrea en la provincia cuenta con numerosas pistas para el viajero del siglo XXI: sinuosos trazados urbanos, antiguas sinagogas y truculentas leyendas.

Fueron trece las comunidades judías establecidas en el territorio de la actual provincia de Segovia: seis de ellas tenían el estatus de aljama, es decir, auténticos gobiernos autónomos que contaban con sus rabinos, cementerios, baños rituales, carnicerías, hornos comunitarios, tribunales y hasta con hospitales para peregrinos y pobres. Eran las de Segovia, Coca, Ayllón, Cuéllar, Fuentidueña y Pedraza, y acogieron a numerosas familias judías: en algunos momentos muy por encima de las que vivían en Toledo o Burgos. Los documentos históricos muestran, sin embargo, los pliegues de una relación de convivencia que pasó por algunos momentos críticos –a los judíos se les exigía portar en sus ropas distintivos que los diferenciaran de los cristianos, tenían limitado el acceso a determinados cargos públicos e, incluso, se les restringía la libertad de movimientos fuera de sus barrios– y que acabó, en 1492, con la expulsión decretada por los Reyes Católicos para los no conversos.

Ya en el siglo XIII, la comunidad judía suponía una parte importante de la población de la capital. Durante el siglo XIV los judíos estaban diseminados por la ciudad y sus arrabales, en casas arrendadas al cabildo catedralicio, si bien ya se detectaba un mayor número de ellos en torno a la Almuzara y a San Miguel. La obligación de vivir segregados se impuso en Segovia en 1481: la judería se localizaba entre la antigua Sinagoga Mayor, reconvertida desde 1428 en iglesia del Corpus Christi, y la Canonjía, y estuvo delimitada por siete arcos de ladrillo. Tres de ellos se situaban en las manzanas destruidas en 1525 para construir la catedral. La calle Mayor, llamada hoy de la Judería Vieja, es el eje que guía cualquier recorrido por la misma y acaba en la plaza del Rastrillo, donde se junta con la calle de la Judería Nueva. El Centro Didáctico de la Judería, ubicado en la que fuera vivienda de un destacado miembro de la comunidad, Abraham Seneor, es visita obligada como también lo es la necrópolis ubicada en el paraje de El Pinarillo, más allá de la puerta de San Andrés.

En Cuéllar quedan importantes vestigios de su presencia y se puede visitar la capilla de la Magdalena, con una exposición permanente sobre el legado sefardí.

Info

Centro Didáctico de la Judería
- Judería Vieja, 12.
- 921 462 396.
- https://turismodesegovia.com
- Lunes y martes, de 10 h a 14 h; de miércoles a sábado, de 10 h a 13 h y de 16 a 18 h; domingo de 10 h a 13 h.
- Entrada: 1,50 €. Gratuita miércoles no festivos.

Info

Capilla de la Magdalena
- Magdalena, 4. Cuéllar.
- 921 142 203.
- www.cuellar.es

Conciertos de las Velas

Marca el reloj las diez y la villa medieval de Pedraza se ilumina. Las estrellas son el reflejo en el cielo de más de 40.000 velas que alumbran la Plaza Mayor y calles aledañas. De fondo, una pieza de música clásica envuelve la atmósfera.

6

Los Conciertos de las Velas, que tienen lugar en Pedraza de la Sierra, a escasos 40 km de la capital segoviana, son una de las citas preferidas por los amantes de la música clásica. El encuentro tiene lugar los dos primeros sábados del mes de julio desde el año 1991. En cada edición el programa va variando y se cuenta con la participación de prestigiosas orquestas sinfónicas de medio orbe a la luz de 40.000 velas que iluminan los balcones, ventanas y calles de la villa y también, el escenario. Desde 2014 este se ha situado en la explanada frente al castillo, donde se habilita un auditorio con capacidad para dos mil personas. Pedraza, declarada Conjunto Monumental en 1951, obtuvo en 1996 el diploma Europa Nostra por la rehabilitación de las viejas casas de su centro histórico y por saber devolver al presente toda la vida cultural del Medievo.

La visita a esta villa es obligada en cualquier recorrido por la provincia de Segovia. Pasear por sus calles iluminadas a la luz de las velas añade mucha magia a la velada. La recaudación de ambos conciertos se dedica a las obras de restauración de la iglesia de Santo Domingo, reconvertida en un centro cultural sede, además, de la Fundación Villa de Pedraza, organizadora de los mismos por cuya labor obtuvo en 2014 el II Premio "La Posada" a la Mejor Iniciativa Turística en Castilla y León.

Info

Fundación Villa de Pedraza
- Real, 15.
- 921 509 960.
- www.pedraza.net
- Dos primeros sábados de julio. A las 22 h.
- Entre 40 y 85 €.

▼ Una atmósfera muy especial envuelve Pedraza en las veraniegas noches de concierto.

Hoces del Duratón

En una extensa zona, al noreste de la provincia de Segovia, encontraremos el Parque Natural de las Hoces del Duratón, que tiene como protagonistas al río y a los buitres leonados, sus habitantes más característicos.

Una línea recta no tiene por qué ser siempre la mejor forma de llegar a un punto. Una teoría fácil de demostrar a los amantes de la naturaleza, obligados a dar más de una vuelta para acceder a uno de los parajes castellanos de mayor belleza. No hablamos ni de extensos campos de cultivo ni de la meseta pura y dura, sino de desfiladeros y paredes de hasta cien metros de altura que encajonan al río Duratón a su paso por el noreste de la provincia de Segovia, entre Sepúlveda y el embalse de Burgomillodo. Más de 5.000 hectáreas dominadas por rocas calizas y buitres leonados, auténticos amos y señores de este fantástico parque natural.

Quizás la mejor forma de alcanzar este lugar abrupto, exento de cualquier planificación urbanística, es precisamente desde Sepúlveda siguiendo el camino de Sebúlcor, con una carretera repleta

▼ Parque Natural de las Hoces del Duratón.

de curvas que exigen una gran pericia al volante, sobre todo, para no despistarse ante la perspectiva: sabinas, enebros, siemprevivas y oquedades en los cortes, utilizados por el hombre como guarida en tiempos remotos y hoy usados por los buitres. Se contabilizan en la actualidad más de 600 parejas de esta majestuosa ave, a las que no resulta difícil atisbar sobre nuestras cabezas, con su volar tranquilo, sin apenas mover las alas. Su silueta (más de dos metros de envergadura) asoma entre los barrancos, improvisados patíbulos durante la Edad Media desde los cuales se arrojaba a los condenados por algún delito. Hoy en día son los favoritos de los deportistas de pro y urbanitas dispuestos a soltar tensiones y adrenalina durante un fin de semana, ya que existen varias empresas en la zona especializadas en actividades al aire libre dentro del parque natural. Entre los meses de enero y julio se necesita una autorización especial para transitar a pie por las zonas de reserva de las Hoces: el permiso se obtiene en la antigua iglesia de Santiago de Sepúlveda, sede de la Casa del Parque.

El río Duratón nace en Somosierra y tras recorrer un buen tramo se esconde en este cañón de algo más de 25 kilómetros de longitud antes de proseguir rumbo a su desembocadura, en las aguas del Duero. Resulta especialmente accesible la ruta circular que comienza en Sepúlveda y continúa por la Puerta de la Fuerza, el Puente de Picazos, la calzada romana y el Puente de Talcano, junto a la que se abre la Cueva de los Siete Altares, de 15 metros de profundidad, con restos visigóticos en su interior. Si al llegar a este punto, siente deseos de quedarse para siempre y fundirse con la naturaleza, sepa que ya otros lo hicieron antes. El espíritu se eleva en esta tierra, tanto que más de un eremita buscó refugio y sosiego en torno al cañón. Para comprobarlo en cuerpo y alma, hay que seguir la pista de tierra que nos conduce hasta el priorato de San Frutos, sin duda un lugar especial donde, tras una caminata de un par de kilómetros desde la zona de aparcamiento, se pueden contemplar las mejores vistas: el río abrazado a la roca formando un meandro. A un lado, la presa de Burgomillodo, límite septentrional del espacio natural protegido, y al otro un espectacular cortado sobre el río Duratón. Hasta aquí llegó san Frutos, patrón de Segovia, de ahí la ermita construida en su honor

En el Parque Natural del Duratón aún quedan restos de otros templos y monasterios, como el de Nuestra Señora de los Ángeles de la Hoz, de difícil acceso.

▲ Buitre en las hoces del río Duratón.

Info

Casa del Parque
✉ Conde de Sepúlveda, 34. En Sepúlveda.
☎ 921 540 322.
🏠 www.turismosepulveda.es
🏠 www.patrimonionatural.org
🕐 Del 26 de junio al 31 de julio: martes, miércoles, jueves, domingo y festivos de 10 h a 15 h; viernes, sábado y vísperas de festivo de 10 h a 19 h, lunes cerrado.
Del 1 de agosto al 31 de agosto: miércoles, jueves, domingo y festivos de 10 h a 15 h; viernes, sábado y vísperas de festivo de 10 h a 19 h; lunes y martes cerrado.
Del 1 de septiembre al 31 de diciembre: miércoles y jueves de 10 h a 13.30 h; viernes, sábado y vísperas de festivo de 10 a 18 h; domingo y festivos de 10 h a 15 h; lunes y martes cerrado.

Real Sitio de San Ildefonso

8

Con la sierra de Guadarrama de fondo, los monarcas españoles eligieron esta bella localidad segoviana para su descanso.

Info

Palacio Real de La Granja
- Plaza de España.
- 921 473 953.
- www.patrimonionacional.es
- www.turismorealsitio desanildefonso.com
- De octubre a marzo, de martes a domingo, de 10 h a 18 h. De abril a septiembre, de 10 h a 20 h.
- Entrada: 9 €.

Info

Fundación Centro Nacional del Vidrio
- Paseo del Pocillo, 1.
- 921 010 700.
- www.realfabricadecristales.es
- De octubre a marzo, de martes a viernes y domingo, de 10 h a 15 h; sábado de 9.30 h a 18 h. De abril a septiembre, de martes a viernes, de 9 h a 18 h; sábado de 9 h a 19 h; domingo de 9 h a 15 h.
- Entrada: 6 €.

Al final de una avenida flanqueada por castaños de Indias emerge el Palacio Real de La Granja, cuya construcción comenzó en el año 1721. Concebido en un principio como residencia de un rey retirado, el proyecto fue transformándose hasta alcanzar tintes monumentales con el regreso de Felipe V al trono tras el fallecimiento de su hijo Luis I. La sobriedad inicial dejó, entonces, paso a la suntuosidad, representada en elementos muy al gusto de la arquitectura italiana y francesa de la época, mezclado todo con el Barroco imperante en España. El edificio, de trazado rectangular, está formado por cuatro alas. En el centro de la fachada sobresalen las torres y las cúpulas de la colegiata, de 1723, cuyo diseño interior fue embellecido por Sabatini y pintores como Bayeu y Maella. Junto a la sacristía, se encuentra el panteón real, donde descansan el mentor de todo este maravilloso conjunto, Felipe V, y su esposa, Isabel de Farnesio. El interior del palacio posee magníficas pinturas, esculturas, muebles, tapices, lámparas… Destacan la sala de los Mármoles, el salón Chino, el comedor de Gala, el despacho oficial del Rey y el salón del Trono. Los jardines es lo que más admiración suscita entre los visitantes. Fueron proyectados siguiendo los esquemas clásicos de la jardinería francesa, pero con impresionantes juegos de agua como la Gran Cascada, la fuente de Neptuno o la de la Fama, cuyo surtidor eleva el agua hasta los 40 m. Una de ellas, los Baños de Diana, suele ponerse en funcionamiento nocturno, durante los meses estivales. Es aconsejable consultar en la web de Patrimonio Nacional las fechas de su puesta en marcha ya que varían de año en año en función de las reservas de agua del Real Sitio.

La visita al palacio no se puede considerar completa sin adentrarse en el Museo de Tapices, por su importante colección de obras flamencas, españolas y francesas de los siglos XVI y XVII. También merece nuestra atención el Centro Nacional Fundación del Vidrio, en las antiguas dependencias de la Real Fábrica de Cristales, nacida al amparo de la dinastía borbónica. Se pueden ver en él piezas de gran valor y demostraciones de la técnica del soplado en sus hornos. Organizan visitas teatralizadas.

▶ Palacio Real de La Granja.

Destino ornitológico

9

Segovia es un hábitat privilegiado para la avifauna. Desde el Parque Nacional de la Sierra de Guadarrama a los pinares y llanuras cerealistas, los aficionados a la ornitología tienen mucho donde disfrutar.

Tiene Segovia como patrón a san Frutos Pajarero, el eremita y hacedor de milagros nacido en el año 642 d. C. en la capital provincial en el seno de una familia acomodada –descendiente de patricios romanos–, que enajenó todos los bienes heredados para irse a vivir ascéticamente, junto con sus hermanos Engracia y Valentín, a las oquedades del cañón calizo que horada el río Duratón, más allá de la villa de Sepúlveda. Y lo celebra cada 25 de octubre con una romería campestre en torno al priorato de San Frutos (ver pág. 89), en el Parque Natural de las Hoces del Duratón, posiblemente uno de los parajes naturales más visitados y fotografiados de toda Castilla y León. El apodo de Pajarero no le viene al santo patrón por haber sido un ecologista precoz: hasta hace pocas décadas era costumbre que los pajareros vendieran su mercancía ese día festivo en la segoviana plaza del Azoguejo, antaño del Mercado. Aunque otra versión vincula su mote a la variada y minúscula avifauna que habita entre el páramo y los roquedos (alondras, vencejos, colirrojos y collalbas, entre otros). Vaya uno a saber... lo cierto es que la provincia segoviana es un paraíso en lo que a aves se refiere y se ha convertido, por derecho propio, en un destino ornitológico de primera.

Los extensos bosques y roquedales del Parque Nacional de la Sierra de Guadarrama y su área periférica de protección cuentan con cerca de 53.000 ha declaradas Zepa (Zona Especial de Protección para las Aves): hay en ellas inventariadas 133 especies de aves que las habitan de forma regular a lo largo del año. Muchas de ellas eligen las frías soledades del Sistema Central para reproducirse, desde el verderón serrano a los acentores común y alpino, el mirlo acuático o la tarabilla norteña, entre otros. Cuenta, además, este ecosistema serrano con otras figuras de protección como la del Parque Natural Sierra Norte de Guadarrama o las dos Reservas de la Biosfera declaradas por la Unesco, El Espinar y La Granja, espacios en los que no resulta complicado observar especies de mayor porte como el águila imperial, el buitre negro, el halcón peregrino o el milano real.

▼ De arriba abajo, tarabilla norteña, águila imperial y abejaruco europeo.

Además, el programa Trino (Turismo Rural de Interior y Ornitología de Castilla y León) tiene señalizadas una veintena de rutas de observación en las tres subáreas en las que se divide la provincia (Segovia Sur y las comarcas de Santa María la Real de Nieva y Tierra de Pinares). Algunos de estos itinerarios ornitológicos discurren por corredores fluviales como los de los ríos Voltoya, Santa Águeda, Botijas o el río Viejo.

Otros lo hacen por las lagunas esteparias de Cantalejo, ubicadas en el camino hacia Lastras de Cuéllar (SG 205), más allá de la ermita de Nuestra Señora del Pinar. El conjunto cuenta con nueve lagunas diseminadas en 12.000 ha que conforman un hábitat peninsular único al estar situadas sobre sistemas dunares de origen continental. Dependiendo de la estación se pueden avistar cigüeñas negras (sobre todo a finales de verano, antes de su emigración africana), zampullines chicos, garzas reales y la especie más abundante, la focha común.

▼ El Parque Nacional de la Sierra de Guadarrama, entre las provincias de Segovia y Madrid, acoge una zona muy amplia de protección para las aves.

Torres y castillos

10

Sin duda, buena parte de la historia segoviana transcurrió entre los muros de sus fortalezas. Es cierto que no abundan en comparación con otras provincias castellanoleonesas, pero algunos de los ejemplares que alberga hacen alarde de una espléndida fábrica mudéjar.

El mejor ejemplo es el bellísimo castillo de Coca, construido a mediados del siglo XV, en ladrillo, con filigranas y torreones de imaginativas formas, además de un profundo foso que permite calibrar el poder defensivo de sus muros.

Interminables extensiones de pinos separan el castillo de Coca de otro magnífico ejemplar defensivo: el castillo-palacio del duque de Alburqueque, en Cuéllar, construido entre los siglos XV y XVI por el valido de Enrique IV, Beltrán de la Cueva, y que ilustra la transformación de las antiguas fortalezas castellanas en palacios residenciales. Aunque cuenta con potentes torreones, tanto la galería de la fachada sur como el patio de armas, con originales arquerías renacentistas, evocan más un uso cortesano que un sistema defensivo para la guerra.

Otra interesante muestra de la arquitectura militar segoviana es el castillo de Sepúlveda. Escondido entre las casonas enrejadas que se asoman a la Plaza Mayor y a espaldas del Ayuntamiento, alberga una rústica solana y un cubo coronado por un grácil campanil de dos piezas. En la cercana villa de Pedraza, también se descubre un hermoso castillo del siglo XIII, hoy propiedad de la familia del pintor Zuloaga, que se alza en una vasta explanada sobre un escarpado barranco, precedido por una bella portada ojival y un foso excavado en la roca.

Completan la relación de fortalezas segovianas el castillo de Turégano, con una bella espadaña barroca que emerge entre los poderosos torreones cilíndricos; el de Castilnovo, de semblante romántico y gusto mudéjar, las casas torreadas de Valdepra-dos y Lastras del Pozo y el conjunto amurallado de Fuentidueña.

▼ El castillo de Coca fue mandado construir por Alonso de Fonseca, arzobispo de Sevilla y señor de Coca y Alaejos.

Breve historia de Segovia

Durante el Neolítico y la Edad del Hierro, llegaron a las tierras segovianas pueblos guerreros procedentes del norte de África y de Europa. Vacceos, arévacos, íberos y celtas levantaron sus castros, precisamente a orillas del Areva o Eresma, aprovechando las cualidades del saliente rocoso. Los romanos tomaron posesión del territorio en nombre del emperador Augusto, aunque fue en el siglo II d. C. cuando se realizó la construcción de un enorme acueducto que llevara el agua hasta la población.

Tras el paso de los visigodos, que a raíz de la cristianización fundaron en Segovia un efímero obispado, se suceden conquistas y reconquistas de musulmanes y cristianos, con episodios reflejados por las crónicas de la época, entre ellos, la toma de la ciudad por Fernán González (923), o el duro asedio al que la sometió el rey musulmán de Toledo Al-Mamun (1071).

La repoblación definitiva del territorio tuvo lugar a finales del siglo XI y corrió a cargo de Raimundo de Borgoña y otros nobles como Pedro Ansúrez, quienes trajeron gentes de La Rioja, Burgos, Navarra y Aragón para repoblar esta tierra de frontera. La necesidad de organizar su vida social y política obligó a la creación de numerosas instituciones, y permitió que se fraguara una extensísima Comunidad de Ciudad y Tierra, un verdadero ensayo de democracia en la Europa feudal que alcanzó su máximo esplendor en el siglo XII.

A lo largo de los siglos XIII y XIV se sucedieron los enfrentamientos entre realeza y aspirantes a la corona, nobles y clérigos, mientras se desarrollaban las agrupaciones gremiales al amparo de una cabaña ganadera trashumante cada vez mayor. No en vano Segovia acabaría convirtiéndose en uno de los principales distritos de la Mesta. La ciudad fue cobrando protagonismo y su Alcázar se convirtió en la residencia preferida de numerosos monarcas como Alfonso X, Juan II o Enrique IV, protectores de la urbe e impulsores de la construcción de un buen número de plazas, iglesias y palacios. Segovia apoyó la causa de Isabel la Católica frente a la Beltraneja, y ante la iglesia de San Miguel, se produjo su proclamación como reina en 1474. También será en Segovia, donde años después, el temible Torquemada instalaría la sórdida Inquisición y tendría papel

▲ Litografía con la plaza del Azoguejo y el acueducto.

destacado la rebelión comunera con el segoviano Juan Bravo como uno de sus principales líderes.

La industria de los paños y el fieltro adquirió gran relevancia y se hizo célebre en toda Europa y en las tierras de América, en cuya conquista participaron activamente caballeros segovianos como Andrés Laguna o Domingo de Soto, destacadas figuras del Renacimiento español. Pero la decadencia de la ciudad venía gestándose desde las revoluciones comuneras y la expulsión de los judíos, para agravarse abiertamente a finales del siglo XVI cuando una terrible peste diezmó la población. Años antes, en 1525, empieza a construirse la catedral con gran participación popular tras el incendio de la anterior románica, y en 1570 se celebra en el Alcázar la boda de Felipe II con Ana de Austria.

I La época moderna

Frente a la creciente penuria de los siglos XVII y XVIII, se levantan los palacios de San Ildefonso, en La Granja, y Riofrío, al tiempo que se construyen la Real Fábrica de Vidrios, y en Segovia, la Real Compañía Segoviana de Manufacturas de Lana y el Real Colegio de Artillería (1764), instalado en el Alcázar, que terminaría siendo ocupado por las tropas de Napoleón en 1808. Las consecuencias negativas de la invasión francesa unidas a los efectos destructivos de las guerras carlistas y el pavoroso incendio que asoló el Alcázar en 1862 solo sirvió para despoblar aún más la provincia segoviana, donde, al igual que en el resto de Castilla, la modernización y el liberalismo tuvieron poca cabida, con una élite caciquil que mantuvo a Segovia al margen de cualquier desarrollo industrial hasta bien entrado el siglo XX.

Durante la II República se respira algún aire renovador, época en la que vivió don Antonio Machado en la ciudad, pero la inmediata Guerra Civil, vivida desde el lado franquista, y la larga posguerra terminaron por acentuar el letargo y la crisis económica.

Es a partir de los años sesenta del siglo XX cuando se empieza a percibir un cierto resurgimiento y aparecen las primeras industras. La ciudad hoy se ha recuperado moderadamente gracias a la buena conservación de su patrimonio monumental y un poderoso sector servicios basado en la hostelería, siendo uno de los principales destinos turísticos de los madrileños. La ciudad queda a 28 minutos de Madrid en los trenes Ave.

En 1985, la ciudad vieja de Segovia y el Acueducto fueron declarados por la Unesco Patrimonio Mundial.

▲ Enrique II de Trastámara, rey de Castilla (1333-1379). Vidriera del Alcázar de Segovia.

▼ Estatua de Carlos III en el interior del Centro Nacional del Vidrio, en la Real Fábrica de Cristales de La Granja.

Visita a Segovia

Segovia

Segovia se enclava sobre un saliente rocoso, protegido por las aguas de los ríos Eresma y Clamores, aunque este último perdió hace tiempo su cauce. Situada justo al pie de la sierra del Guadarrama y elevada hasta los l.000 m de altitud, Segovia soporta duros inviernos que se prolongan más de lo que exige el calendario; "nueve meses de invierno y tres de infierno", asegura un refrán que apenas exagera el rigor climatológico. Su enclave, escogido en lugar alto para una mejor defensa del ya existente poblado celtibérico, fue fácilmente tomado por unas fuerzas romanas de manifiesta superioridad. Sin embargo, la invasión romana convirtió a la pequeña aldea en una ciudad importante levantando en ella, un impresionante acueducto. Pasaron por esta ciudad visigodos y musulmanes, dejando huellas no tan visibles hasta que, tras la Reconquista, vivió Segovia su época de máximo esplendor, fundamentado en la próspera industria textil que permitía su amplia cabaña ovina. Pero llegaron tiempos peores y la que fuera cuna de reyes fue poco a poco perdiendo su fulgor hasta que el turismo, la hostelería y una incipiente industria la convirtieron en esta ciudad que hoy trata de apoyarse en la bella herencia de su historia y su cultura para proyectarse hacia el futuro.

ITINERARIO BÁSICO

I SAN MILLÁN   ✱

Hemos decidido iniciar la visita por la plaza de San Millán por varias razones: es un lugar próximo a la estación de autobús y, si viajamos en coche, resulta fácil encontrar aparcamiento. De esta forma, en vez de entrar de lleno en el epicentro monumental, podemos disfrutar del primer ejemplo del románico segoviano, estilo que sólo en la ciudad cuenta con una veintena de templos.

La **iglesia de San Millán** (de principios del siglo XII), construida a imagen de la catedral de Jaca (Huesca), conserva restos mozárabes en su **torre** y un robusto **atrio** característico del románico de la Extremadura castellana (lugar de reunión vecinal). Un conjunto imponente y armonioso que se refleja en un interior distribuido en tres naves, separadas por fuertes pilares, y con una cúpula reforzada con pares de arcos.

La avenida del Acueducto, peatonalizada y decorada con un recargado gusto fernandino, nos lleva, tras dejar a nuestra derecha el pequeño **templo** románico **de San Clemente**, a la **plaza del Azoguejo**, desde donde vamos a admirar el primero y más significativo de los monumentos segovianos: el Acueducto.

I ACUEDUCTO   ✱✱

Este puente romano nos contempla rotundo desde sus casi dos mil años de historia; su sola visión impresiona. Para captar enteramente su volumen y dimensiones debemos desplazarnos buscando diversas perspectivas; la calle de Teodosio el Grande y la avenida del Padre Claret son buenas atalayas, pero la referencia inexcusable la obtenemos desde lo alto de las escaleras del Postigo.

Sentados a la sombra del coloso bimilenario, descansando de la empinada subida, aprovechamos para saber algo de su historia.

El Acueducto fue, con toda probabilidad, construido en tiempos del emperador Trajano para traer el agua desde el puerto de la Fuenfría a una ciudad que se estaba convirtiendo en centro de una importante zona agrícola. Su arquitecto, cuyo nombre figuraba, según algunos cronistas, en la inscripción que hoy apenas se adivina, consiguió armar los 44 arcos del cuerpo inferior y los 119 del superior sin utilizar ningún tipo de argamasa. Solo el equilibrio entre sus fuerzas lo han mantenido en pie hasta hoy.

I Planificación de la visita

Se ofrece a continuación un detallado recorrido por Segovia denominado **Itinerario básico**, que desde la plaza de San Millán y el Acueducto llega hasta la catedral o el Alcázar y termina en el santuario de la Virgen de la Fuencisla.

Este itinerario puede complementarse con la visita a **Otros lugares de interés**.

Para facilitar la visita se incluye un plano de la ciudad (págs. 30 y 31). El símbolo ⓞ remite a la localización de los monumentos y lugares de interés dentro del plano, mientras que las estrellas (✱ o ✱✱) hacen referencia a su importancia o su especial mérito artístico o histórico.

· · · · · · · ·

ⓞ D3
Iglesia de San Millán

· · · · · · · ·

ⓞ C3-D4
Acueducto

◆ **Patrimonio Mundial Unesco**

◀ Alcázar de Segovia.

SEGOVIA

0   100   200 m   a Valladolid (N-601)   2

al Santuario de N. Sra. de la Fuencisla

Convento de
Carmelitas
Descalzos
(San Juan
de la Cruz)

Iglesia de
la Vera Cruz

Romeral de
San Marcos

Ctra. de Zamarramala

Monasterio de
Santa María del Parral

EL PARRAL

San Marcos

Calle San Marcos

Real Casa
de la Moneda

Eresma

Alameda

SAN MARCOS

Pradera de
San Marcos

Río

Paseo   de   Santo   Domingo   de   Güzman

Puerta de
Santiago

Muralla

Puerta   de   Santiago

Alcázar

Plaza del Reina
Victoria Eugenia

Paseo de San Juan de la Cruz

Arco de
la Claustra

Jardín de
de Fromkes

Cal

B

Casa de la
Química

Río

Paseo de Don Juan II

Calle

LAS CANONJÍAS

de

Velarde

San Esteban

Yza Guidelli

Capuchinos

Clamores

Paseo por el
área natural del
valle Clamores

San
Andrés

Convento de
las Descalzas

Casa-Museo
de Antonio
Machado

Daoíz

Plaza de
la Merced

Plaza
de San
Esteban

idelaguila

S. ESTEBAN

1

Q

Muralla

Calle del Socorro

Juderia Nueva

Marqués del Arco

Palacio
del Marqués
del Arco

Ayuntamiento

Museo de Segovia
(Casa del Sol)

Huerta de la
Hontanilla

Puerta de
San Andrés

Refitolería

Catedral

Plaza
Mayor

C

Cuesta

de

Montes
del
Pinarillo

los

Hoyos

Centro Didáctico
de la Judería

LA JUDERÍA

Judería Vieja

S. Frutos

Católica

Pl. d
Corp

Paseo de los Tilos

Paseo del Salón de
San Valentín

Convento de
Corpus Christi

M

Antiguo
cementerio
judío

Iglesia del
Sancti Spiritu

Plaza del
Santo Espíritu

Paseo

1. Palacio Episcopal
2. Palacio de los Hierro
   (Casa del Secretario)
3. La Trinidad
4. Teatro Juan Bravo
5. Cárcel Real.
   Casa de la Lectura
6. San Martín
7. Acueducto
8. Palacio Quintanar

a Ávila (N-110)

D

Carretera

de

1   2

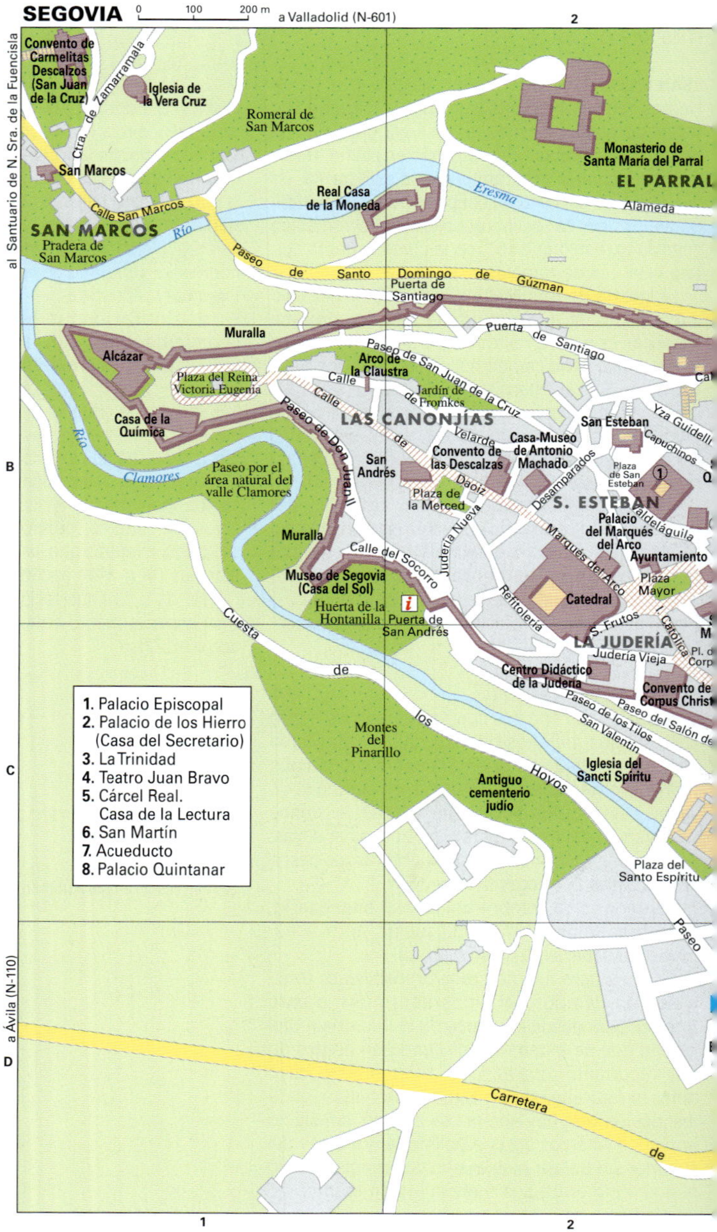

El puente del diablo

Aunque algunos libros aseguran que el Acueducto es obra de los romanos, no todos los autores se ponen de acuerdo sobre tal autoría. Por su trazado soberbio, ingenieros expertos han llegado a decir que una obra de tal envergadura, y en aquel tiempo en que se supone que fue construida, solo pudo ser obra del diablo. Recurren entonces a una historia que nos habla de una joven que servía en una casa situada en la parte alta de la ciudad y se lamentaba de continuo por tener que bajar y subir permanentemente cargando con el agua de la fuente que se encontraba en la zona baja. En una de sus quejas llegó a decir que estaría dispuesta a dar su alma al diablo con tal de librarse de esa penitencia.

El diablo, que la oyó, quiso saber si mantenía lo dicho. Ella entonces se asustó, pero, como era terca, dijo que sí, que lo mantenía, más con una condición: que él solo tendría que levantar, en una sola noche, un puente que transportara el agua a la parte alta. Era verano, cuando las noches son más cortas. Nada más ponerse el sol comenzó el diablo su tarea. La moza observaba perpleja sus avances, lamentando el pacto. Así, a toda prisa y en una sola noche, se levantó el Acueducto.

—¿Y de la joven qué fue?

—Se salvó por los pelos. En la madrugada, cuando ya solo quedaba una piedra por colocar, despuntó el primer rayo del sol. Así quedó el Acueducto levantado y la chica libre y con su propósito conseguido.

▲ Escultura del Diablillo, en la cuesta de San Juan, obra de José Antonio Abella, que recrea la leyenda de la creación del Acueducto.

Desde su nacimiento urbano, en una pequeña casa de aguas, hasta lo alto del Postigo distan 728 m, que han de sumarse a su trayecto de más de 15 km desde el nacimiento en el río Acebeda. En la plaza de Díaz Sanz un brusco giro lo dirige hacia la parte más monumental, sobre el Azoguejo, donde alcanza su mayor altura, con casi 30 m. En esta zona, entre los tres arcos centrales, se encuentra el frontis de la desaparecida firma que alberga en dos hornacinas las imágenes de la Virgen y San Sebastián, que sustituyeron en 1520 a sendas estatuas paganas. El Acueducto es el mayor símbolo de Segovia y como tal figura en su escudo heráldico.

Siguiendo el único camino posible que encontramos para no retroceder, haremos un breve requiebro por la intrincada distribución urbanística de Segovia para conocer la **plaza de Avendaño** –final del recorrido visible, pues su cacera continúa enterrada hasta el Alcázar– y, más abajo, la **iglesia de San Sebastián,** muy reformada en su interior, al gusto barroco, aunque conserva trazas de su origen románico.

La luz de Segovia

La luz parece inaprensible y, sin embargo, matiza el perfil de la ciudad. Si un día amanece plomizo o neblinoso, sabemos que es un día atípico, que la luz nos ha traicionado porque de ella se espera siempre otra cosa. Segovia tiene su identidad, más allá de sus edificios, su historia o sus gentes, a través del aire luminoso que la envuelve. Por eso, más que un caserío noble extendido sobre una roca, parece que sus casas se ponen de puntillas y alargan los brazos buscando fundirse en esa atmósfera impoluta propia del día siguiente de la creación. Los cielos, entonces, nos mostrarán una gama de azules que van desde el celeste o el añil hasta el intenso que los segovianos conocen por "azul Zuloaga", por ser el que empleara el genial ceramista vasco, afincado en la capital, para los cielos de sus murales. Esta luz la llevó consigo María Zambrano en su exilio errabundo. Vivió en Segovia durante la infancia y la pubertad y la tenía grabada en su memoria como un marchamo indeleble: "Una esfera cristalina contiene la ciudad sin aprisionarla ni sustraerla a su destino humano. Un cristal que se siente formarse por la luz y la pureza del aire". Pero si la luz de Segovia no nos deja indiferentes, sus atardeceres nos trastocan. En todas partes existen atardeceres de ensueño, como dicen los poetas cursis, pero en Segovia, sobre todo durante la primavera y el otoño, el horizonte puede llegar a arrebatarnos porque allí se concentra una pléyade de pintores díscolos dando brochazos sobre un escenario cambiante, donde se citan y mezclan arreboles e irisaciones que anuncian una apoteosis o una tragedia. La luz, la alta luz de Segovia, arrancó un elogio contundente en los parcos labios de Miguel Delibes cuando, con la mirada perdida en el aire, como una niño feliz, exclamó: "Segovia es la ciudad más fina de Castilla".

▮ **BARRIO DE LOS CABALLEROS** ✱

Algo después salimos a la **plaza del Conde de Cheste,** cuyo aristocrático nombre refleja a la perfección la calidad del caserío que, adornado con un pequeño jardincito, se da cita en ella como si se tratara de un muestrario de alcurnia; el **palacio Quintanar,** que data del siglo xv, con un hermoso y gran escudo en el que dos salvajes defienden el blasón, hoy centro cultural de la Junta de Castilla y León; el **palacio de los Uceda Peralta,** junto con el **palacio de Maldonado,** actualmente sede de la Diputación Provincial; la **casa de las Cadenas** o de los Marqueses de Moya, también del siglo xv, posee un **patio** isabelino y un **torreón** dignos de destacarse, aunque, quizás, su sola estampa, impresionante al borde de la muralla, haga vano cualquier comentario artístico; al otro lado está el antiguo **palacio del Conde Cheste,** hoy dedicado a la enseñanza privada y, por último, la **casa de los Marqueses de Lozoya,** que defendía la perdida puerta de San Juan y que luce el escudo de armas de los Contreras, que fue apellido ilustre de la cultura segoviana.

Por una estrecha callecita, que lleva el nombre de un distinguido segoviano, Luis Felipe de Peñalosa, que heredó de su tío, el marqués de Lozoya, la capacidad para el trabajo en defensa del patrimonio histórico artístico de esta ciudad y su provincia, salimos a la **plaza de Colmenares,** espacio abierto situado junto al lienzo norte de la muralla, en el que

• • • • • • •

◉ B3
Barrio de los Caballeros

◉ C3
Palacio Quintanar
✉ San Agustín, s/n.
☎ 921 466 385.
🖥 https://palacioquintanar.com
🛈 Centro cultural multidisciplinar con una amplia programación en el ámbito del diseño gráfico, diseño industrial, interiorismo y fotografía.

◉ C3
Casa de las Cadenas

◉ C4
Casa de los Marqueses de Lozoya

▼ Vista de Segovia.

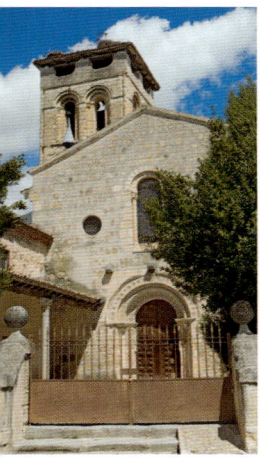

▲ Iglesia de los Santos Justo y Pastor.

• • • • • • •

🕐 B3-4
Iglesia de San Juan de los Caballeros
Museo Zuloaga
✉ Pza. Colmenares, s/n.
☎ 921 463 348.
🌐 https://museoscastillayleon.jcyl.es
🕐 De martes a sábado, de 10 h a 14 h y de 16 h a 19 h. Domingo y festivos de 10 h a 14 h.
🎫 Entrada: 1 €.

🕐 C4
Iglesia de los Santos Justo y Pastor
✉ Pza. San Justo, s/n.
☎ 921 460 963.
🕐 De martes a domingo de 11 h a 13.30 horas y de 17 h a 20 h.
🎫 Entrada gratuita.

🕐 C-D4
Iglesia del Salvador

• • • • • • •

🕐 C2-3
Calle Real

vuelven a emparejarse, en perfecta combinación, un frondoso jardín y un hermoso monumento, en este caso la magnífica **iglesia de San Juan de los Caballeros.** Este templo, de finales del siglo XI, puede ser contemplado girando a su alrededor, pues la visión es grata en todo su entorno. En el interior se encuentra el **Museo Zuloaga,** donde las obras de cerámica de quien comprara el edificio en 1905, Daniel Zuloaga, que le da nombre, se alternan con algunos valiosos lienzos de su sobrino, el célebre pintor Ignacio Zuloaga. En su **ábside** se encuentra la tumba de don Diego de Colmenares, cronista de la ciudad y autor de su más prestigiosa historia.

Volviendo sobre nuestros pasos, llegamos a lo alto de la calle de San Juan, donde antaño se levantó la puerta del mismo nombre y ahora podemos disfrutar de otra espléndida visión del Acueducto. Descendiéndola vemos, al otro lado de la plaza de la Artillería y casi alineadas, las **torres** de las **iglesias de los Santos Justo y Pastor** y **del Salvador,** la primera de las cuales conserva unos valiosos y singulares **frescos** románicos, únicos en la ciudad.

Cruzando por debajo del puente romano observamos, enfrente, un importante monumento segoviano, aunque esta vez se trata de un tesoro gastronómico, la casa de **Cándido,** figura mítica de la hostelería segoviana, fallecido en 1992 y famoso en el mundo entero por ofrecer en su mesón cochinillos que él mismo partía con el borde de un plato. El conjunto de casas con tejadillos a distintos niveles y con vigas de madera vista se ve empequeñecido por la cercanía del gigante, aun queriendo simbolizar la grandeza del Imperio romano y la sencillez del pueblo castellano. El rincón conserva un cierto sabor añejo, de vino bien conservado, de sabia vejez, que veremos en otros lugares de la ciudad.

CALLE REAL

Esta calle es la de más actividad, bullicio y colorido durante el día. Aunque su recorrido hasta la Plaza Mayor recibe cuatro nombres, respectivamente: Cervantes, Juan Bravo, plazuela del Corpus e Isabel la Católica, es el de Calle Real el único usado por los segovianos. Por ella pasan las procesiones, las cabalgatas y las charangas; a su lado se celebra el tradicional mercado de ganados de los jueves y, cada tarde de domingo, su empedrado es pisoteado impenitentemente por miles de personas que la pasean de arriba abajo y de abajo arriba. A media subida, el pretil de las escalinatas de la Canaleja sirve de mirador para comprobar la cercanía de la

▲ Casa de los Picos.

sierra y, justo debajo, el punto cesde el que comenzamos nuestro recorrido, la iglesia de San Millán, destacando entre el agitado mar de tejadillos, las lastras delimitando el caserío y el fondo omnipresente de la sierra de Guadarrama, declarada en 2013 Parque Nacional.

A la misma altura, pero en la acera opuesta, es fácil distinguir la **casa de los Picos,** hoy sede de la Easd (Escuela de Arte y Superior de Diseño de Segovia). Su nombre se debe al bonito y original adorno de la fachada, realizado sobre granito en forma de punta de diamante. En el interior se conserva un **patio** que bien puede servir de ejemplo para los muchos que existen en el casco antiguo de la ciudad, que, para ser observados, precisan del celo del visitante en un justificado exceso de curiosidad. La historia popular cuenta que un antiguo propietario hizo transformar su fachada para darle un aspecto tan original que pudiera cambiar el apodo con el que se conocía el edificio y que, dados los tiempos que corrían, nada le gustaba, ya que este no era otro que el de casa del Judío. Si así fue, a fe que lo consiguió. La casa de los Picos sirvió, junto al todavía hoy cerrado Teatro Cervantes, como apoyo y defensa de otro de los arcos desaparecidos, el de Sar Martín.

A la altura del número 31 podemos asomarnos a la **casa de los del Río,** con otro hermoso **patio,** esta vez renacentista, adorrado por un enorme ejemplar de ailanto, que se yergue en una obligada verticalidad, haciendo bueno el seudónimo de "árbol del cielo". Como él, magníficos ejemplares arbóreos

🅒 C2-3
**Casa de los Picos
(sala de exposiciones
de la Easd)**
✉ Juan Bravo, 33.
☎ 921 462 674.
🖥 https://easdsegovia.com

· · · · · · ·
C3
Palacio del Conde Alpuente

C3
Alhóndiga
✉ Plaza de la Alhóndiga, 1.
☎ 921 462 779.

· · · · · · ·
C3
**Plaza de Medina del Campo
(San Martín)**

▼ Plaza de Medina del
Campo, con la iglesia de
San Martín.

embellecen los patios de la ciudad. Pese a que nos conduzca por otra empinada escalinata, merece la pena hacer un pequeño desvío a la plaza del Platero Oquendo para observar el **palacio del Conde Alpuente,** edificio del siglo xv que destaca por una fachada de retocados ventanales y, un poco más allá, la **Alhóndiga,** desde 1925 Archivo Municipal, sala de exposiciones y uno de los escasos edificios que se conservan de arquitectura "industrial" de la época de los Reyes Católicos. El esfuerzo provocado por la ascensión se ve recompensado con la visión que alcanzamos al momento.

❚ SAN MARTÍN ⋆⋆

En la **plaza de Medina del Campo,** conjunto arquitectónico de gran belleza, la escalera empedrada, la fuente, la estatua y, sobre todo, el magnífico caserío que le da forma, presidido por la iglesia de San Martín, hacen de ella un entrañable rincón urbano lleno de encanto, que los segovianos saben aprovechar como lugar de encuentro y los visitantes como un agradable descanso que se llena de sol en los días despejados. La plaza es conocida entre sus paisanos como la de San Martín, por la iglesia que la encabeza; de Juan Bravo, por la estatua realizada por el escultor Aniceto Marinas en honor del valeroso comunero; y de las Sirenas, al confundir con ninfas marinas las dos esfinges situadas al pie de la escalinata.

Desde la calle Real, que a partir de este punto recibe el nombre de Juan Bravo, se distinguen los restos del **palacio de Enrique IV**, más arriba de las escaleras, asomado a la plaza de la Reina Doña Juana. Sus sótanos fueron acondicionados en aquella época para albergar a los leones del rey, quien tenía predilección por estos felinos. Una de sus alas se ha rehabilitado para viviendas y la otra alberga el **Museo de Arte Contemporáneo Esteban Vicente**, en el que se puede apreciar, entre otras colecciones, la obra de este reconocido pintor, miembro de la Escuela de Nueva York del expresionismo abstracto.

Siguiendo la línea de casas por nuestra derecha, y después de otra hermosa fachada medieval, observamos el **torreón de Lozoya,** que levanta su techo por encima del cielo segoviano, solo superado por la torre de la catedral. Construida a principios del siglo XIV, esta gran torre servía de fortificación en tiempos en los que las familias nobles limaban sus diferencias a tiro de ballesta. Alberga salas de exposiciones temporales y un **museo** que expone los fondos de la Fundación Caja Segovia, con más de 1.000 objetos entre grabados, pinturas, objetos decorativos y esculturas de factura local.

Aún en la plaza hay que fijarse en una pequeña fachada renacentista de granito con blasón, que se conoce como **casa del Siglo XV** o de Juan Bravo, ejemplo de residencia nobiliaria urbana.

Pero el edificio que completa la singular belleza de esta plaza es la **iglesia de San Martín,** un templo románico del siglo XII, levantado sobre otro mozárabe, de planta cuadrada, 200 años más antiguo. Este templo, de tres naves, cuenta con igual número de galerías porticadas. En su portada muestra cuatro **columnas-estatuas** adornadas con las figuras de profetas que recuerdan a las cariátides griegas aunque, eso sí, más hieráticas e inexpresivas. Una de sus galerías fue parcialmente cegada con la construcción de capillas, conservando, aunque muy degradada, una curiosa serie de **capiteles** con escenas bíblicas. Uno de sus tres ábsides, el central, sufrió una restauración no muy afortunada que rompe la armonía del conjunto. En el interior, muy retocado, destaca el **retablo mayor,** de estilo barroco, y un **Cristo** yacente atribuido a Gregorio Fernández, así como la capilla de los Herrera y algunas **pinturas** del siglo XV.

La plaza de San Martín alberga agradables terrazas y es un lugar ideal para tomar un café mientras se contempla el vaivén de los segovianos en su vida cotidiana, en pleno corazón monumental.

⊙ C3
Museo de Arte Contemporáneo Esteban Vicente
✉ Plazuela de Bellas Artes, s/n.
☎ 921 462 010.
🖰 www.museo estebanvicente.es
⊙ De martes a viernes, de 11 h a 14 h y de 16 h a 19 h; sábado de 11 h a 20 h; domingo y festivos, de 11 h a 15 h.
🖥 Entrada gratuita.

⊙ C3
Torreón de Lozoya. Museo Fundación Caja Segovia
✉ Plaza de San Martín, 5.
☎ 921 462 461.
🖰 https:// fundacioncajasegovia.es

⊙ C3
Casa del Siglo XV
✉ Juan Bravo, 32.

⊙ C3
Iglesia de San Martín

▼ Torreón de Lozoya.

◉ C2
Paseo del Salón de Isabel II
y Judería

◉ C3
Cárcel Real
Casa de la Lectura
✉ Juan Bravo, 11.
☎ 607 555 330.

◉ C2
Iglesia de Corpus Christi
✉ Plaza del Corpus, s/n.
☎ 682 010 317.
◕ Lunes, miércoles y jueves,
de 10.45 h a 13.45 h;
sábado, de 10.45 h a 14.45
h y de 16 h a 19 h; domingo
de 10.45 h a 14.15 h.
🎟 Entrada: 1 €.

◉ B1
Casa del Sol.
Museo de Segovia
✉ Socorro, 11.
☎ 921 460 615.
🖱 https://museoscastillayleon.
jcyl.es
◕ De martes a sábado, de
10 h a 14 h y de 16 h a 19
h (octubre-junio); de 17 h
a 20 h (julio-septiembre).
Domingo, de 10 h a 14 h.
🎟 Entrada: 1 € (los fines de
semana acceso gratuito).

◉ C2
Centro Didáctico
de la Judería
✉ Judería Vieja, 12.
☎ 921 462 396.
🖱 https://turismodesegovia.
com
◕ Lunes y martes, de 10 h
a 14 h; de miércoles a
sábado, de 10 h a 13 h y de
16 a 18 h; domingo de 10 h
a 13 h.
🎟 Entrada: 1,50 €. Gratuita
miércoles no festivos.

EL SALÓN Y LA JUDERÍA

Si las piernas nos aguantan bien el subebaja de peldaños, podemos ahora tomar un pequeño desvío en nuestro recto caminar. Su objetivo es salir brevemente al espacio abierto del **paseo del Salón de Isabel II**, desde el que se observan distintas perspectivas de la ciudad y aledaños. El edificio que sigue a la iglesia de San Martín, separado de ella por una escalinata, es la antigua **Cárcel Real**, reabierta en 2017 como biblioteca y centro cultural con el nombre de **Casa de la Lectura**. El inmueble, sobrio y robusto como lo merecía su originaria función, fue construido y renovado en los siglos XV y XVI respectivamente y en sus esquinas destacan unos curiosos **garitones** cilíndricos en forma de linternas.

La diminuta plaza del Corpus, situada algo más arriba, recibe el nombre de la **iglesia del Corpus Christi**, antigua Sinagoga Mayor, perteneciente a un convento de monjas clarisas. El templo fue construido en el siglo XIII como sinagoga judía y convertido al culto cristiano tras la expulsión de los hebreos en 1492, aunque en su interior los arcos de herradura, las celosías de madera y las paredes encaladas rinden el homenaje del recuerdo a su auténtico origen.

Esta iglesia y, más aún, la estrecha callejuela que parte hacia la izquierda, llamada de la Judería Vieja, anuncian el comienzo del barrio judío, alhama o **Judería**. Una zona que disfrutó de gran actividad, en la que habitaba un gran número de hebreos dedicados al comercio y a otros oficios hasta que, como es sabido, fueron obligados a abandonarla. Todavía hoy conserva parte del sabor que debió de tener, entre sus angostas calles.

Uno de los monumentos más destacados de la Judería es la antigua carnicería judía, también llamada **Casa del Sol**, sede del **Museo de Segovia**. Entre sus fondos destacan dos verracos celtibéricos, mosaicos romanos, esmaltes visigodos, tablas de pintores castellanos y flamencos de los siglos XV y XVI y colecciones de monedas procedentes de la ceca segoviana, vidrios de La Granja, escultura religiosa, grabados de Durero y Rembrandt y otros autores y pintura contemporánea. También resulta de gran interés el **Centro Didáctico de la Judería,** en la casa de Abraham Senneor, que tiene como objetivo mostrar, enseñar y divulgar la cultura judía, por medio de paneles, proyecciones y tecnología audiovisual.

El último tramo de la Calle Real, dedicado a la reina Isabel la Católica, desemboca en lo que es el epicentro de la vida social de los segovianos: la Plaza Mayor.

I PLAZA MAYOR ✳

La Plaza Mayor es, sin lugar a dudas, el centro vital de la ciudad. Además de reunir algunos de los edificios administrativos más importantes, en las calles aledañas proliferan bares, mesones y pubs, que son cita ineludible durante el día y la noche tanto para los segovianos como para los turistas. Entre las más animadas se encuentran la estrecha calle Escuderos, que desciende hasta la plaza de San Esteban, y la calle Infanta Isabel, donde se alternan los bares de tapas y los de copas. En la zona situada detrás del Palacio Episcopal (Cronista Lecea y plaza del Potro) se localizan también algunos de los mesones de Segovia más auténticos.

Los días soleados es un placer sentarse relajadamente en una de sus múltiples terrazas y contemplar sencillamente el panorama. En el verano y al atardecer, además, puede observarse el espectáculo que ofrece todo un ejército de cigüeñas que diariamente acude para encontrar un pináculo en lo alto de la catedral donde pasar la noche. Carboneros y herrerillos también se reúnen por cientos entre el follaje de las acacias.

Entrando en la plaza por la Calle Real vemos, enfrente, el **Ayuntamiento,** salvando ese breve obstáculo que aparece y desaparece con el tiempo que es el templete de música o, como dicen muchos segovianos, el quiosco. El edificio consistorial, cuyo interior ha sido completamente rehabilitado a

• • • • • • • •

🕐 B2
Plaza Mayor

🕐 B2
Ayuntamiento

▲ Plaza Mayor de Segovia.

Las tres culturas

No hay restos de mezquitas en Segovia pero es evidente que también por aquí se asentaron los musulmanes. En el barrio de San Millán y en el de San Lorenzo, tradicional asentamiento de huertas, quedan testimonios. A ellos se les atribuye, como delicados alarifes, la creación del esgrafiado. El torreón de Hércules alberga en sus paredes inscripciones en alabanza a Mahoma.

De quienes sí han quedado muchos testimonios ha sido de los judíos. Como pueblo más pujante es seguro que despertaría más rivalidad y recelos en los cristianos. Por ello, algunas de las leyendas en las que estos últimos salen triunfadores, tienen al pueblo hebreo como vencido y humillado. Todavía se mantienen en pie restos de dos sinagogas y dos calles de intrincado recorrido llevan los nombres de Judería Vieja y Judería Nueva. El Pinarillo, en las afueras, en época de mayor proscripción, fue su cementerio.

Unos y otros, musulmanes y judíos, fueron, finalmente, desterrados en nombre de Dios. Por eso, cuando en Ankara (Turquía), cinco siglos más tarde, una mujer, al oír hablar castellano a unos viajeros, les preguntó que de dónde eran y ellos respondieron que de Segovia, ella les comentó jubilosa, en sefardí, que también su familia era de allí. Entonces los viajeros cristianos, inevitablemente, sintieron mucha vergüenza retrospectiva.

● ● ● ● ● ● ● ●

◉ B2
Teatro Juan Bravo
✉ Plaza Mayor, 9.
☎ 921 460 039.
🌐 www.teatrojuanbravo.org

● ● ● ● ● ● ● ●

◉ B2
Iglesia de San Miguel

excepción de la llamada planta noble, está presidido por sus dos **torreones** y el **reloj,** siendo ejemplo de la arquitectura del siglo XVII. En su interior conserva un magnífico **tríptico** del siglo XVI obra de Ambrosio Benson.

A su derecha se encuentra el **Teatro Juan Bravo,** inaugurado en 1918. Centra su programación en el teatro, la danza y la música y tiene una interesante sala de exposiciones en la segunda planta.

Girando en la misma dirección observamos uno de los laterales de la **iglesia de San Miguel** que se ha visto invadido de viviendas. El templo, de origen románico, fue reconstruido tras un hundimiento producido en 1532, dejando algo más de espacio a la Plaza Mayor. En su atrio, Isabel la Católica fue coronada reina de Castilla en 1474. La iglesia posee una gran nave gótica y algunas capillas laterales con sepulcros.

❙ LA CATEDRAL ★★

Es uno de los grandes templos góticos construidos en España. Su primera piedra fue colocada en 1525 en el solar donde anteriormente se encontraba la iglesia de Santa María y en su construcción se

▲ Catedral de Segovia.

aprovecharon partes importantes del antiguo templo, que se levantaba enfrente del Alcázar y fue destruida durante la Guerra de las Comunidades, en 1520. "Echar tierra", nombre al que hoy se dedica una calle, se llamó a la voluntaria contribución económica de los segovianos a su construcción. La parte que asoma a la Plaza Mayor corresponde a su **ábside**, adornado de pináculos y arbotantes que conforman una marejada de piedra.

Juan Gil de Hontañón fue el encargado de la obra, pero a su muerte la dejó en manos del que había trabajado como aparejador, García de Cubillas. Un hijo de Gil de Hontañón, Rodrigo, cuarenta años después, se haría cargo de los trabajos, adoptando el sistema gótico de capillas radiales, propio de los templos medievales.

Exteriormente, la fachada oeste de la catedral es la más vistosa, pese a su sobriedad; la verticalidad de su **torre**, con 90 m de altura, se beneficia del espacio abierto conocido como el enlosado, utilizado actualmente para actividades culturales. Actualmente, la torre se puede visitar. Es un privilegiado mirador sobre la ciudad. Siguiendo por la calle de San Geroteo encontramos la portada del mismo nombre

● ● ● ● ● ● ● ●

🕐 B2
Catedral
✉ Marqués del Arco,1.
☎ 921 462 205.
🔗 https://catedralsegovia.es
🕐 De lunes a sábado de 9 h a 21.30 h; domingos de 13.30 h a 21.30 h.
Visita guiada a la torre: 10.30, 12, 13.30, 15, 16.30, 18, 19.30h.
💳 Catedral: 4 €.
Catedral y torre (guiada): 10 €.
Las entradas incluyen la visita al Palacio episcopal y al Museo de la Catedral.

▲ ▶ Catedral de Segovia.

con escalinata de ascenso, que se encuentra en desuso. Para entrar al templo se utiliza la **portada** más cercana a la plaza, de estilo neoclásico y llamada de **San Frutos** por la imagen del santo patrón de Segovia que la preside con su báculo y su libro del que, según la tradición, pasa una página cada año al iniciarse el 24 de octubre.

Una vez dentro de la catedral es su increíble amplitud lo primero que sorprende, acentuada por una **cúpula** que se eleva a casi 70 m, alineada con gigantescas columnas. Antes de fijarnos en más detalles es fácil dejarse atrapar por el magnetismo de la luz que entra por las multicolores **vidrieras,** como sacralizando esta riqueza natural que es la luminosidad segoviana.

El templo consta de tres naves abovedadas, cabecera con girola y siete capillas poligonales. Entre las riquezas que conserva, distribuidas entre las capillas o guardadas en el **Museo Catedralicio,** se encuentran numerosos cuadros e imágenes de los siglos XVI y XVII, rejas, tapices, piezas de orfebrería, manuscritos y códices de gran valor. Destaca el **retablo** de 1571, con una magnífica *Piedad* de Juan de

Juni, y el de Pedro de Bolduque, ubicado en la capilla de Santiago; el *Cristo yacente* y el *de Lozoya* o la imagen de *Nuestra Señora de la Paz* que Fernando III llevaba como amuleto a todas sus expediciones contra los árabes, según afirma Pascual Madoz. Este insigne geógrafo e historiador es conocido por su enciclopédico diccionario de 1850, en el que califica al **retablo de la capilla del Sagrario,** obra de José de Churriguera, de "verdaderamente monstruoso y lleno de hojarasca".

El **claustro** ha conseguido preservar, a pesar del abandono al que fue entregado, ese encanto lleno de serenidad que tienen los únicos lugares abiertos al cielo de estos grandiosos templos. Tanto su **rejería,** de firma gótica, como su **portada** son obra de Juan Guas y proceden de la antigua catedral. Acoge nogales, una higuera y algún boj.

Quizás una de las mejores formas de asimilar el significado de tan monumental edificio sea escuchando el sonido de su **órgano** barroco sentado en los bancos del coro; esta oportunidad de trasladar el espíritu a los tiempos en los que el hombre parecía hablar directamente con Dios se brinda todos los años en varios conciertos y ciclos musicales.

I LAS CANONGÍAS ✳

La calle Daoíz, cuyo recorrido vamos a seguir hasta llegar al Alcázar, tiene fama de ser la más fría y ventosa de toda la ciudad, aunque esto no debe preocuparnos, pues también es una de las más bellas. En su recorrido se suceden las casas nobles blasonadas que anuncian la llegada al **barrio de las Canongías**. Justo enfrente de la portada de San Frutos vemos un sobrio edificio de piedra berroqueña que encierra en su interior un **patio** plateresco; se trata del **palacio del Marqués del Arco.**

Hace años esta calle estaba conectada con sus aledañas por un laberinto de travesías y pasadizos que desgraciadamente se han ido perdiendo, aunque algunos de ellos se van rehabilitando y recuperando. Este tramo la calle Daoíz se convierte en un pequeño y animado mercadillo de cerámicas y recuerdos para los visitantes, en el que se puede encontrar, además de alguna pieza curiosa, algún curioso vendedor.

En el número 5, dejando atrás el enlosado de la catedral, podemos adentrarnos en otro espléndido **patio** con galería acristalada en el edificio sede del **Colegio de Arquitectos** que, de vez en cuando, ofrece exposiciones al público y, desde hace años, acoge el **Mercado del Marquesado.**

⊙ B1-2
Las Canongías

⊙ B2
Palacio del Marqués del Arco

Colegio de Arquitectos de Segovia
✉ Marqués del Arco, 5.
☎ 921 466 026.
🖥 www.coaseg.com

▶ Barrio de las Canongías.
En la página siguiente,
la iglesia de San Andrés.

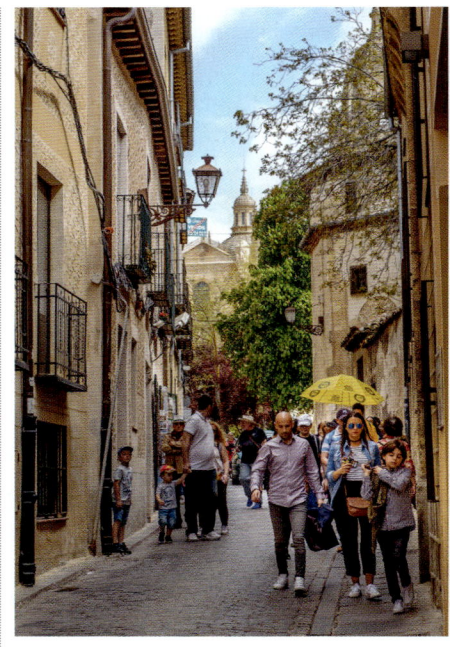

🅰 B2
**Convento de Carmelitas
Descalzas**

🅰 B2
Plaza de la Merced

🅰 B2
Iglesia de San Andrés

A nuestra derecha, junto a un hito conmemorativo del cuarto centenario de la muerte de San Juan de la Cruz, está el sencillo **convento de Carmelitas Descalzas,** fundado por Santa Teresa de Jesús, que nos abre paso a la **plaza de la Merced,** otro parquecito, de los muchos que hay en Segovia, recogido, discreto y encantador. Coqueto, como de juguete, el conjunto que crean el quiosco, la fuente, los bancos y los árboles, entre los que se cuentan cedros, acacias, sóforas y ciruelos, se completa por la también pequeña y atractiva **iglesia de San Andrés,** un humilde templo que, sin embargo, llena de gracia ese rincón de la plaza con sus dos **ábsides** románicos y su **torre** de ladrillo, tocada de negra pizarra.

El último tramo de la calle Daoíz es el más auténtico porque conserva una total homogeneidad en sus fachadas, que han respetado esa trayectoria, ligeramente curva y en pronunciada pendiente, adornada de numerosas portadas románicas que sirven de umbral a viviendas, muchas veces restauradas, y a otros tantos patios escondidos. A la derecha de la verja de entrada al Alcázar hay un mirador: el del valle del Eresma.

| EL ALCÁZAR ★★

El recinto se inicia con los jardines de Daoíz y Velarde, en cuyo centro se levanta una enorme **estatua** homenaje de gusto épico militar, realizada por el escultor Aniceto Marinas. El puente levadizo que queda enfrente de nosotros es la única entrada posible a esta fortaleza de ensueño que, solo por conservar su belleza, ya merecía todo el empeño puesto en su defensa. Aunque la visita a su interior es obligada, hay que adelantar que la verdadera riqueza del monumento es su propia figura, contemplada desde distintos puntos.

La primera fortificación existente en este saliente rocoso seguramente se levantara en tiempos de la dominación romana, como así lo atestiguan los sillares de granito encontrados recientemente. Sin embargo, la primera prueba documental que habla del Alcázar data del siglo XII, después de que el rey Alfonso VI culminara la reconquista de la ciudad. Durante la Edad Media fue morada habitual de los reyes de Castilla. Testigo de numerosas guerras, resultó herido en alguna de ellas, saliendo reforzado gracias a los cuidados con los que después fue

● B1
Alcázar
✉ Plaza de la Reina Victoria Eugenia, s/n.
☎ 921 460 759.
🕐 www.alcazardesegovia.com
● De noviembre a marzo, todos los días de 10 h a 18 h; de abril a octubre, todos los días de 10 h a 20 h.
🎫 Palacio y Museo de la Artillería: 7 €; completa: 10 €.

gratificado por manos tan regias como las de Juan II, Enrique IV o Felipe II, quien le coronó con esos chapiteles de pizarra que hoy luce. Un incendio registrado en 1862 destruyó gran parte de los tesoros que guardaba, aunque su restauración apenas deja notar este desgraciado suceso.

Antes de la visita, es conveniente hacer una breve indicación: en todas las salas que vamos a recorrer deberemos orientar la mirada en dos direcciones que no son habituales: la primera hacia arriba, para no perder detalle de sus techos, y la segunda hacia los ventanales, donde nos esperan unas vistas increíbles de los alrededores de Segovia.

La **sala de los Ajimeces,** también conocida como del Palacio Viejo, fue construida por Alfonso VIII y conserva los ventanales románicos que daban al exterior del palacio mayor del siglo XIII. En su decoración destacan las armaduras de caballos y caballeros, infantes e infantiles. A su derecha, la **sala de la Chimenea** es un producto de la reordenación realizada por Felipe II, quien la utilizó como despacho. Presidida por una enorme chimenea de granito, un mobiliario del siglo XVI, algunos lienzos del monarca, de su hija predilecta, Isabel Clara Eugenia y de Felipe III, un zócalo de cerámica de Talavera, y una puerta que conserva intacta la originaria decoración mudéjar llenan su reducido espacio.

Junto a ella la **sala del Trono** o del Solio, era la dispuesta para el desarrollo de las audiencias reales. El estrado o trono es una reconstrucción del que utilizaban los Reyes Católicos y dota a la pieza de la suntuosidad y el boato que envolvía a los monarcas. También son de destacar la **cúpula,** de estilo mudéjar, y el **friso,** de yeserías gótico-mudéjares,

▼ Alcázar de Segovia.

Whisky *made in* Segovia

La climatología, la producción cerealística de la región y especialmente la calidad de las aguas procedentes de la sierra de Peñalara, han favorecido el hecho de que en la provincia de Segovia, más concretamente en la localidad Palazuelos de Eresma (a escasos kilómetros de la capital por la carretera de La Granja), se instalaran las bodegas de Whisky DyC. La factoría se fundó en el año 1959 y mantiene desde entonces el mismo proceso de elaboración del whisky. Primeramente tiene lugar el malteado, por el cual la cebada germinada se convierte en malta verde y es secada con humo de turba. La fermentación del almidón o mosto transforma la malta en alcohol. A continuación se produce el destilado del mosto en alambiques de cobre, del que se obtiene el *malt* whisky y el *grain* whisky. Ambos productos se mantienen durante cuatro años como mínimo en barriles de roble americano (el whisky DyC se distribuye en botellas de cinco y ocho años). Terminada la crianza, se mezclan el *malt* y el *grain* whisky en proporciones que solo conocen los catadores para obtener la bebida final, lista para ser embotellada.

La visita a las destilerías termina con una degustación y con una parada en la tienda de recuerdos situada dentro de las instalaciones. Para visitar la factoría hay que hacer reserva previa en el telf. 690 921 955 o en www.dyc.es.

en el que Enrique IV, representado en la vidriera, figura como su encomendador. La gran **sala de la Galera** fue mandada construir por Catalina de Lancáster para servir de protección contra la aparatosa artillería del momento y, después, utilizada como cámara de espera o receptorio para quienes tenían el privilegio de ser recibidos por los monarcas. Es la estancia que más daños sufrió durante el mencionado incendio, perdiendo el artesonado, en forma de artesa o galera invertida que la daba nombre, y las vidrieras, cuyo lugar ha sido ocupado por otras realizadas por el artista y vidriero segoviano Carlos Muñoz de Pablos. Mirando al techo de la siguiente sala que visitamos entenderemos por qué se la conoce como **sala de las Piñas.** En total son 92 las piñas doradas que decoran la pieza, junto a un friso gótico mudéjar, damascos, tapices y un magnífico bargueño del siglo XVII.

A su lado está la **Cámara Regia,** un aposento más bien reducido con una **cama** gótica tallada en nogal, con los escudos de Castilla y León. También tiene sargas colgadas en las paredes y una interesante decoración en sus puertas. La **sala de Reyes** es la más lujosa y amplia del palacio. Nada menos que 52 reyes y reinas de Asturias, León y Castilla

▶ Distintas estancias del Alcázar de Segovia.

observan a los visitantes desde un original friso que ofrece también armas, escudos y hechos de sus reinados. Bajo el magnífico artesonado de poliedros dorados, decoran el salón varios retratos de monarcas, tapices, brocados de seda y un lienzo sobre la conquista de Cádiz por Alfonso X el Sabio, en cuyo reinado se inició la sala y quien, curiosamente, figura cambiado en la numeración real del friso, como undécimo Alfonso. El friso es una réplica del original, destruido también por el incendio.

En el balcón central, desde el que se contempla una preciosa vista de la iglesia de la Vera Cruz y del barrio de San Marcos, hay una cruz que recuerda al infante don Pedro de Castilla, hijo de Enrique II, quien cayó al abismo mientras jugaba, perdiendo la vida. A continuación llegamos a dos pequeñas **salas** concebidas para una mayor intimidad de los monarcas: la **del Cordón,** así llamada por un cordón franciscano mandado colocar por Alfonso X, que cuenta con varias tablas pintadas con motivos religiosos; un confesionario cerrado con celosía de madera servía para que los reyes oyeran la misa en privado; y la **del Tocador de la Reina,** en la que, bajo un artesonado renacentista, se encuentra el cuadro La Virgen de los Reyes Católicos, que los muestra de niños. Se cree que aquí comenzó el incendio que devastó el Alcázar en el siglo XIX.

Felipe II y Ana de Austria celebraron en la siguiente estancia, la **Capilla,** su misa de boda. Los dos **retablos** góticos cuentan con tablas de escenas evangélicas y de santos; en los respaldos del coro están tallados los **bustos** de los Reyes Católicos y en una de las paredes se encuentra el lienzo La adoración de los Reyes, firmado por Bartolomé Carducho en 1600, que fue salvado de las llamas por los cadetes del Real Colegio.

Saliendo al exterior por un estrecho pasadizo, y mientras observamos el precioso paisaje entre almena y almena, vamos a dar al **patio del Pozo** o terraza de los Reyes. Este, presidido por la impresionante **torre del homenaje,** nos ofrece la posibilidad de asomarnos a los dos valles, del Eresma y del Clamores, que conforman la cresta sobre la que se aposenta el Alcázar y la ciudad vieja. La pequeña garita de su extremo podría perfectamente ser, apurando la comparación utilizada desde siempre, el mascarón de proa del navío de piedra.

La **sala de armas** contiene una interesante colección de armaduras, alabardas, morteros, cerbatanas, bombardas, ballestas y demás elementos del armamento medieval. Pensando en la actual tecnología

► Patio de armas
del Alcázar de Segovia.

armamentista, y si no fuera porque estas se crearon para el mismo fin, resulta casi ingenuo el retraso en el que se movió el ingenio destructor del hombre. Saliendo de ella y tras un fugaz paso por la pequeña cámara del Tesoro salimos al **patio del Reloj,** así denominado por el gran reloj de sol que se encuentra sobre la puerta que acabamos de cruzar. El **patio de armas,** de estilo herreriano y construido en el reinado de Felipe II, es utilizado, con buen criterio, como escenario de algunos conciertos veraniegos, pues confiere al acontecimiento musical un majestuoso marco.

Desde él se accede a las tres salas dedicadas al **Colegio de Artillería,** ubicado en el castillo durante un siglo, hasta 1862, y en el que cursaron sus estudios militares, entre otros, Luis Daoíz y Pedro Velarde. El acceso a la **torre de Juan II** se hace atravesando una estancia en la que pueden adquirirse recuerdos del monumento y en la que, en previsión de sorpresas, un cartel anuncia el número de peldaños que se deben superar para alcanzar su salida al cielo, nada menos que 140. La estrecha escalera

en forma de espiral tiene, en sus recodos, algunas celdas que nos recuerdan la utilización de la torre durante largos años como prisión para aquellos que provocaron las iras del rey.

Desde lo alto de esta torre, construida durante los reinados de Juan II y su hijo Enrique IV, la visión es espectacular. Por un lado se observa el valle del Clamores con la serpenteante cuesta de los Hoyos, por el otro, el del Eresma; a la derecha un cuadro de la estepa castellana y a la izquierda una vista de la vieja Segovia, al pie de la sierra de Guadarrama. En esta misma dirección, pero debajo de nosotros, podemos ver a la izquierda la **torre de Alfonso X el Sabio** y a nuestros pies la abismal caída al fondo del foso, tan solo flanqueada por ese puente levadizo que nos sirvió de entrada a este increíble monumento y por la que vamos a abandonarlo.

Es el momento de recordar que la vista del Alcázar que difícilmente se puede olvidar no está en su interior. Por esa carreterita que baja a la Fuencisla, la cuesta de los Hoyos, empezamos a intuir con las primeras perspectivas lo que se avecina. Es en su

parte baja y en cualquier punto del barrio de San Marcos desde donde se comprende la fama universal del Alcázar, que ha despertado la inspiración de artistas de todas las épocas y estilos. La silueta de este castillo de fantasía, que podría albergar a una princesa encantada o al más terrible monstruo y que de hecho ha cobijado a personajes de Walt Disney y Orson Welles, ofrece aquí toda su imponente belleza.

▌LA MURALLA ✱

Otra vez en los jardines observamos a nuestra derecha la **Casa de la Química**, un robusto edificio que fue levantado en tiempos de la Ilustración para albergar el laboratorio de física y química del Colegio de Artillería, en el que impartió sus clases Louis Proust, uno de los padres de la química moderna. Desde el pretil contiguo tenemos una bonita vista del profundo valle y del primer tramo de la muralla.

La muralla, iniciada en el siglo XI, parte desde el Alcázar en un recorrido de cerca de 3 km adornada de torres y portillos. De las siete **puertas** que llegó a tener tan solo se conservan tres, las de **San Andrés**, **San Cebrián** y **Santiago**. A esta última, que cuenta con un arco de herradura, podemos acercarnos por la calle Pozo de la Nieve. En su interior se ha instalado un curioso museo con la **Colección de Títeres Francisco Peralta**.

La calle Velarde, antes llamada Canongía Vieja, corre paralela al discurrir de la muralla y por ello cuenta con varios balcones que se asoman al hermoso panorama del valle del Eresma. En su recorrido se siente una plácida atmósfera, un silencio de otros tiempos, con un decorado de preciosas portadas románicas que continuamente descubrimos.

El **arco de la Claustra** es el único que se conserva de los cuatro que cerraban la institución que le da nombre y que brindaba a sus moradores derechos y privilegios. Los otros fueron derribados para dejar paso a la comitiva que acompañaba a Felipe II y Ana de Austria hacia el Alcázar, donde iban a contraer matrimonio. Al traspasarlo vemos que se trata de dos pequeños arcos románicos de medio punto con friso renacentista y una imagen en su parte superior. El rincón es sencillamente encantador.

A un paso queda el recoleto **jardín de Maurice Fromkes,** que parece diseñado para albergar escenas románticas y apasionadas entre sus bancos y setos, después, quizás, de deleitarnos con las vistas que ofrece su mirador a la ribera del río Eresma. Estamos paseando por lugares que fueron frecuentados por San Juan de la Cruz, el gran poeta místico

La vena lírica segoviana

Segovia no ha sido tierra paridora de poetas insignes. Sin embargo, la ciudad ha albergado a dos grandes maestros de la palabra: San Juan de la Cruz y Antonio Machado. Muchos especialistas advierten en Juan de Yepes la más alta expresión de la lírica española; una poesía desnuda de ropajes, cercana al éxtasis. Algunos estudiosos han hablado de la influencia del paisaje ascético de las peñas grajeras, donde el carmelita levantara su oratorio como coadyuvante del misticismo que se aprecia en su poesía. Por su parte, Machado vivió en la ciudad entre 1919 y 1932, ejerciendo la docencia, involucrándose en la vida social, participando en tertulias o interviniendo activamente en la creación de la primera universidad popular que hubo en España.

De los dos poetas permanece huella viva que nos habla de su presencia y su poesía: el oratorio de San Juan de la Cruz, construido por él mismo y situado en lo más alto de las peñas grajeras, donde está el convento de carmelitas que también él mismo fundara; y la Casa Museo Antonio Machado, en la calle de los Desamparados, que conmueve por su humildad. Ambos lugares son reflejo de dos personalidades esenciales en la poesía castellana, alejados por el tiempo pero hermanados por la ciudad que tuvo la fortuna de cobijar dos almas paralelas en tantos aspectos. El relevo literario lo ha tomado, desde 2005, la convocatoria del Hay Festival Segovia, que se celebra a finales de septiembre en la ciudad. Más información en www.hayfestival.com.

que vivió su retiro y fundó un convento carmelita en esta ciudad, que también es propicia para la meditación. Por ello, en recuerdo al autor del *Cántico Espiritual,* hacemos una paraca a un costado del centro **Segovia Joven,** frente a la **estatua** de bronce realizada por el escultor segoviano José María García Moro y dedicada al poeta de Fontiveros con motivo del IV centenario de su muerte.

Hablando de poetas, no podemos dejar de acercarnos al lugar en el que vivió, realquilado, otro inmortal de la poesía española, Antonio Machado. Este poeta errante, "en el buen sentido de la palabra, bueno", dejó su imborrable huella en esta fría casita ajardinada, convertida en **Casa Museo,** junto a la capilla de San Juan de Dios, en esta calle fatídicamente llamada de los Desamparados y en esta ciudad entera, como lo hizo en todos los lugares por los que pasó. En Segovia, entre otros, el Instituto Mariano Quintanilla (donde aún se conserva su aula), el Casino o la Universidad Popular. De julio a septiembre también funciona el **tren de Antonio Machado,** con salida los sábados desde Madrid-Chamartín a las 10.15 h. Incluye teatralizaciones y visitas a la casa museo del poeta.

• • • • • • • •

🅾 B2
Casa Museo de Antonio Machado
✉ Desamparados, 5.
☎ 921 460 377.
🔗 https://turismodesegovia.com/es/antonio-machado/museos/casa-museo-de-antonio-machado
🕐 Consultar horarios en la página web.
🎟 Entrada: 3 €.

• • • • • • • •
B2
Iglesia de San Esteban

⎮ SAN ESTEBAN ✳

La calle del Vallejo desemboca en la plaza de San Esteban: esa altísima y estilizada torre, en la que, sin duda, ya ha reparado el visitante, pertenece a la no menos bella **iglesia de San Esteban.** Este templo, de estilo románico tardío, que comparte con la catedral lo más alto de la silueta segoviana, fue erigido a comienzos del siglo XIII y, según la leyenda, costeado por el peregrino Carlos Falconi, hijo natural del rey de Francia, para cumplir una promesa realizada en su peregrinación a Compostela.

Su **torre** no resalta solo por la excepcional altura de más de 50 m sino, sobre todo, por su armonía, gracia y equilibrio. En los cinco cuerpos arqueados encontramos cuatro tipos distintos de **arcos,** que se van estrechando, adornando y embelleciendo según ascendemos, como si se tratara de una sutil metáfora espiritual.

El edificio conserva, aunque en no muy buen estado, una interesante serie de **capiteles,** de variada escenografía, en las columnas que soportan

▼ Iglesia de San Esteban.

la airosa arquería de su pórtico y que se prolonga en un lateral. El interior fue recompuesto en el siglo XVIII al estilo barroco y en él destacan un **calvario** de finales del siglo XIII y una curiosa **talla** de Cristo crucificado.

La iglesia de San Esteban da la esbeltez, y también el nombre, a toda la plaza, cuyo conjunto es de muy buen gusto y que tiene su toque de austeridad en el **Palacio Episcopal,** construido en sillería de granito en el siglo XVI bajo las normas marcadas por el Renacimiento; primera residencia de la familia Salcedo, el enorme palacio fue convertido en residencia del obispo a mediados del siglo XVIII. Una parte del edificio está destinada a salas de exposición, con objetos de orfebrería litúrgica, escultura, pintura, etc. También se pueden visitar las salas nobles del palacio, que sirvieron de representación y residencia a los obispos.

| BARRIO DE LA TRINIDAD ✱

De la misma plaza de San Esteban sale la estrechísima travesía de los Capuchinos, que concluye frente a otro templo románico, esta vez pequeño y coqueto: la **iglesia de San Quirce,** desde hace años fuera de culto, pero que fue sede de la fructífera Universidad Popular y en la actualidad lo es de la también fecunda **Real Academia de Historia y Arte de San Quirce.** Construida en el siglo XII, consta de una sola nave con bóveda de crucería en su escueta capilla.

Bajando por la breve escalinata que la separa de la **Casa de la Zona,** hoy sede del Archivo Histórico Provincial y así llamada por haber albergado tal instalación militar, nos encontramos de frente al **convento de las Oblatas,** reconvertido en el primer hotel con categoría cinco estrellas de Segovia, el Convento de Capuchinos. El edificio tiene en su fachada una hornacina con la imagen de San Francisco, a quien primero se consagró el convento, flanqueada por los blasones de la familia Contreras, responsable de su reconstrucción en el siglo XVII. Muy cerca queda la **iglesia de San Nicolás,** románica, con una sola nave, que conserva unas interesantes pinturas murales del siglo XIII.

En la calle de los Capuchinos Alta se encuentra el **convento de las Dominicas** que, pese a su tosco aspecto exterior, encierra, en el mismo régimen de clausura que las religiosas que lo habitan, un precioso **claustro** en una de cuyas esquinas se levanta la afamada **torre de Hércules.** Su altivo castillete, acabado con celosías de madera, se culmina con la figura de una cigüeña, como tantos otros chapi-

· · · · · · · ·

🅞 B2
Palacio Episcopal
✉ Plaza de San Esteban, 13.
☎ 921 462 205.
🌐 www.palacioepiscopal
segovia.es

· · · · · · · ·

🅞 B3
Barrio de la Trinidad

🅞 B2
Real Academia de Historia y Arte de San Quirce
✉ Capuchinos Alta, 2 y 4.
☎ 921 700 427.
🌐 https://realacademiadesan
quirce.es

🅞 B2-3
Convento de las Oblatas

🅞 B3
Iglesia de San Nicolás

🅞 B2-3
Torre de Hércules

▲ Iglesia de San Nicolás.

· · · · · · · ·

🕐 B2
**Casa del Secretario.
Casa de los Hierro**

🕐 B3
**Iglesia de la Santísima
Trinidad**

🕐 B3
**Palacio de los Condes
de Mansilla**

🕐 B3
Plaza de Guevara

🕐 B-C3
**Plaza del Doctor Laguna
(de los Huertos)**

teles segovianos. Este torreón medieval del siglo XIII recibe el nombre de una estatua de Hércules dominando a un verraco, que adorna la escalera que nace en el claustro y que ha forjado la teoría de que este héroe mitológico fundó la ciudad.

Rodeando este edificio salimos de la calle de los Capuchinos Alta, dejando a nuestra derecha otra sobria fachada de piedra berroqueña perteneciente al palacio de los Hierro, comúnmente llamada **casa del Secretario.** Pero nuestra marcha debe orientarse en sentido contrario hacia la **iglesia del convento,** antes llamado **Santo Domingo el Real,** donde reposan los restos del marqués de Lozoya.

Justo enfrente se encuentra otro ejemplo del arte románico segoviano, la **iglesia de la Santísima Trinidad;** el templo actual data de principios del siglo XII, aunque fue construido sobre otro de la época visigótica cuyos restos fueron objeto de una excavación arqueológica. Precisamente para proteger el hallazgo y cerrar la parte afectada, exactamente los restos de un ábside, se levantó una gran cubierta de un solo plano, en su día muy cuestionada en determinados ámbitos de la ciudad. El interior de la iglesia, en buen estado de conservación, es de una sola nave con torre sobre el crucero y alberga algunas obras artísticas de gran interés, como una *Santa Faz,* de Ambrosio Benson, o un **retablo** de seis tablas del siglo XVI, realizado por los pintores segovianos Andrés López y Antón de la Vega. En la íntima **capilla de los Campo,** que se abre paso en el muro del evangelio, la **portada** es de Juan Guas y las **vidrieras,** originales.

Unos metros más adelante nos encontramos con el **palacio de los Condes de Mansilla,** un caserón renacentista que guarda un bonito **patio** platateresco y una disposición interna tan complicada como atractiva; tras una excelente restauración fue convertido en sede del Colegio Universitario Domingo de Soto, función que ejerció durante cuatro décadas hasta 2013. Este personaje, cuyo nombre recibe también la pequeña placita, fue un célebre teólogo, jurista, profesor y escritor de renombre universal, nacido en Segovia en el año 1494.

El siguiente ensanchamiento de esta calle es la **plaza de Guevara,** con su **palacio** del mismo nombre, hoy sede de oficinas administrativas y poseedor de un hermoso patio enrejado.

Girando a la derecha salimos del angosto entramado urbano para llegar a un espacio abierto y verde. La **plaza de los Huertos** es así llamada por haber existido en ella, hasta 1894, el convento de

Premonstratenses de los Huertos, quedando el lugar con solo el apellido. Hoy se denomina oficialmente de Andrés Laguna, un médico e investigador del siglo XVI, cuya estatua centra el jardín, que dejó la huella de su sabiduría en esta ciudad que no trató muy bien a los que, como él, eran judíos.

Ya nos habremos fijado en este gallardo torreón que se levanta en un esquinazo; se trata de la **torre de los Arias Dávila** o Pedrarías, como se conocía a uno de los más significados miembros de esa familia de potentados civiles y clérigos. Esta torre albarrana, que igual servía como defensa o como atalaya, data del siglo XV y cuenta con un hermoso balcón almenado con blasones y aspilleras. El esgrafiado geométrico de su decoración exterior nos recuerda la multitud de dibujos que este revoco, típicamente segoviano, puede presentar.

El edificio fortificado y su adyacente, que son el mismo y albergaron al mismo clan, sirven hoy a otro acaudalado inquilino, que no es otro que la Hacienda Pública. Desde su esquina, y por la callecita que también lleva el nombre de la mentada familia, vemos la hermosa fachada con galería, ajimeces y troneras, del **palacio de Enrique IV,** morada de segovianos, cuya fachada sur ya contemplamos desde la plaza de San Martín.

En la calle de San Agustín, muy cerca de las ruinas del convento dedicado al mismo santo, se levanta la **Casa del Hidalgo,** vivienda nobiliaria del siglo XV. En la actualidad alberga los fondos pictóricos de la **Fundación Rodera-Robles,** con temática segoviana principalmente, obra de pintores locales y de otros vinculados a la provincia, como la familia Tablada, Unturbe, Núñez Losada, Rafael Peñuelas o los hermanos Zubiaurre. También cuenta con cuadros de grandes maestros como Sorolla, Beruete, Fortuny y cerámica de los talleres de Zuloaga. Dispone de una exposición permanente sobre los sistemas tradicionales de grabado y de salas de exposiciones temporales dedicadas al arte gráfico.

RONDA DE SEGOVIA

El recorrido que ahora iniciamos discurre paralelo, por no decir contiguo, al cauce del río Eresma. En él vamos a disfrutar con los alrededores de una ciudad que vivió mucho tiempo de espaldas a su auténtico valor, no solo artístico sino también natural, pero que ahora muestra orgullosa e cinturón de riquezas que la rodea.

En realidad, los paseos, alamedas y rondas de Segovia constituyen, en su conjunto, uno de los

▲ Hércules sobre cabeza de jabalí, en la torre de Hércules, convento de las Dominicas.

○ C3
Torre de los Arias Dávila

○ B3
**Casa del Hidalgo
Museo Rodera-Robles**
✉ San Agustín, 12.
☎ 921 460 207.
🖳 http://roderarobles.com
○ De martes a sábado, de 10.30 h a 14 h y de 17 h a 20 h; domingo y lunes cerrado.
🚪 Entrada: 2 €. Acceso libre los miércoles.

▲ Segovia es una buena ciudad para recrearse en el paisaje dando largos paseos, sobre todo por los senderos que bordean el río.

• • • • • • •

🕐 B4
San Lorenzo

🕐 A4
Monasterio de San Vicente el Real

🕐 B4
Plaza e iglesia de San Lorenzo

monumentos más significativos de la ciudad, con un encanto distinto al de la urbe, donde los templos están rodeados de una frondosa vegetación y el río y las primeras cortadas calizas son elementos naturales que confieren un aire más agreste pero también más reposado.

El misticismo que, sin duda, tiene el lugar y que supieron apreciar los religiosos que en él se asentaron tiene su raíz en esa austeridad de la tierra castellana, capaz de forjar recios hombres y profundos pensadores.

❙ SAN LORENZO

El barrio de San Lorenzo está estructurado en torno a los cauces de los ríos Eresma y Ciguiñuela, haciendo que la fértil tierra vea prodigar las huertas a su alrededor. Ligeramente apartado del casco urbano, conserva un agradable aire de pueblecito castellano, a pesar de que la expansión urbanística haya alcanzado y superado su entorno, destruyendo parte de él. Precisamente sobre el punto donde las aguas de los dos ríos se funden se alza el **monasterio de San Vicente el Real,** primero de los múltiples edificios religiosos que en tan estrecho espacio vamos a encontrar. El convento o monasterio de San Vicente alberga en la actualidad una pequeña congregación de monjas cistercienses que viven en régimen de clausura, aunque con la flexibilidad a que las obliga la necesidad de subsistir. El edificio conserva, para único deleite de sus moradoras, hermosos rincones que son testigos de la antigüedad de un templo dedicado originariamente al poderoso

El esgrafiado

Una duquesa de Irlanda que visitó Segovia el año 1953, cuando llegó a su país comentó que lo que más le había impresionado de la ciudad eran las fachadas de los edificios.

–¿Por qué?– le preguntaron.

–Más que realizadas por hombres parecen trazadas por la mano delicada de una mujer.

En efecto, omnipresente en casi todos los edificios se encuentra una especie de filigrana o encaje que recorre los revestimientos externos. Se trata del esgrafiado, una técnica aplicada a la construcción, de origen morisco, nacida en Segovia. Consiste en aplicar una plantilla sobre el revoco previamente alisado cuando aún está tierno, rayando con una cuchilla el vacío que deja la plantilla. Así el motivo geométrico se repite, creándose un contraste entre la parte rayada y la lisa. En ocasiones la fachada lleva dos capas de revoco de diferente color y al rayar la primera queda visible la segunda, con lo que el contraste de colores y formas se enriquece. Otra variante del esgrafiado la constituye la colocación de un trozo de escoria de carbón en los intersticios que conforman dos figuras geométricas o en la llaga de cemento que une dos piedras. Esta variante aparece en edificios tan notables como el propio Alcázar. La influencia del esgrafiado se ha extendido por toda la geografía provincial, donde aparecen motivos de factura originalísima. En los últimos años algunos arquitectos han enriquecido el esgrafiado aportando a las fachadas grandes figuras solitarias, de carácter alusivo o alegórico. Lo cierto es que, paseando por las calles de Segovia o por sus pueblos, el esgrafiado estará presente en nuestra retina porque, a excepción de los edificios realizados en piedra sillar y los edificios modernos, casi todos los demás contienen muestras de esta técnica, aplicada tanto a casas humildes como a edificios nobles.

Júpiter. Su aspecto externo, retocado en distintas épocas, aún conserva un cierto halo que habla de su azarosa historia.

Cruzando un estrecho puente curvado, de aspecto medieval, y subiendo por la calle del Puente de San Lorenzo, en la que hallamos, como su nombre anuncia, otro pequeño **viaducto,** llegamos al centro del barrio, su punto más característico y lugar de encuentro.

La **plaza de San Lorenzo** es un precioso ejemplo de la distribución urbanística del Medievo, con pequeñas casitas de vigas de madera vistas, organizadas en torno a la **iglesia** románica. Rodeando el templo, que a su vez está completamente circundado de estas típicas viviendas con blasones y materiales nobles, observamos los dos **atrios** arqueados y sus amplios **ábsides** o el **arco** de herradura que conserva en una de sus entradas.

Panorámicas de la ciudad

Hay ciudades que invitan a ser contempladas desde lejos, para lo cual han de ofrecerse a los ojos del viajero con perspectiva.

Segovia se asienta sobre una roca caliza labrada por las aguas de dos ríos: el Eresma y el Clamores. En el punto donde estos ríos confluyen, la roca, como la proa de un barco, se corta a modo de pico de lanza y sobre ella se asienta el Alcázar con sus agudos tejados de pizarra; más al fondo, a modo de arboladura central, se yergue la torre imponente de la catedral. Esta panorámica de ensoñación marinera le ha valido a la ciudad el sobrenombre de "navío de piedra".

Sin alejamiento, sin distancia, es posible descubrir las diferentes siluetas que la ciudad nos ofrece. Por eso, la primera recomendación que cabría hacer al viajero que llegase a Segovia, es que –si no conduce, claro– se pusiese una venda en los ojos. Póngase una venda, pues, antes de entrar en la ciudad y atraviésela ciego hasta llegar a cualquiera de los dos

miradores, Zamarramala o La Lastrilla, que, desde el norte, nos la ofrecen en todo su esplendor. Un panorama armónico y quebrado, con grandes manchones vegetales, murallas, casas abigarradas, palacios, tejados, torres almenadas y torres puntiagudas se abrirá ante sus ojos. Detrás, enmarcando la ciudad como un telón cambiante en función de las estaciones, se alza la espina dorsal que es la sierra de Guadarrama.

Si nos colocamos en los jardines del Alcázar, los ojos se van a clavar en ese espacio magnético que configura el barrio de San Marcos y que algún duende blanco ha de tener cuando concentra en tan escaso espacio tantos templos y devociones. Un poquito más a la derecha, al lado del río, la fábrica imponente de la antigua Casa de la Moneda con sus cubiertas de pizarra; y casi enfrente, un poco más allá, el esplendor puesto en pie del monasterio del Parral. La vista ya no alcanza más; es preciso que ahora nos desplacemos hasta los jardines románticos de Maurice Fromkes, para, desde allí, contemplar el monasterio benito de San Vicente el Real. Y, por fin, detrás del río, de los templos y del caserío discontinuo del barrio de San Marcos, esas laderas calizas descarnadas que dan una visión sideral del espacio.

Segovia no es, por tanto, una ciudad solo para callejear. Es imprescindible para todo viajero que desee llevarse una visión completa de ella contemplarla de lejos, desde la atalaya que constituye su recinto amurallado, los ríos que la abrazan o los campos que la rodean. Solo así se podrá apreciar toda la belleza que encierra esta milenaria ciudad castellana.

La **torre,** único signo externo de su originario estilo mudéjar, deja entrar mayor cantidad de luz, según se acerca a un cielo aún muy distante, por unas hendiduras que se estrechan al tiempo que se multiplican. Su reducido espacio interior, de gusto barroco, guarda una **imagen** del santo español al que se consagra el templo y que contiene el símbolo, una parrilla, de su doloroso martirio a fuego lento. También conserva un espléndido **tríptico** de la Piedad, de enorme plasticidad, y restos de su **artesonado** mudéjar.

Cerca queda el **Centro de Interpretación del Barrio de San Lorenzo y los Valles,** centro de educación ambiental.

▲▼ Muestras de arquitectura popular en la plaza de San Lorenzo.

❙ SANTA CRUZ Y SANTO DOMINGO ✳

La calle del Cardenal Zúñiga enlaza el barrio con esa frondosa ronda, otrora ensombrecida por el denso follaje de los numerosos olmos víctimas de la voraz grafiosis, que es el paseo de Santo Domingo de Guzmán. Casi en su confluencia, y junto a la llamada cueva de Santo Domingo, se halla el **monasterio de Santa Cruz la Real.** A partir de 1997, y siguiendo el proyecto del arquitecto Ismael Rodríguez Gradilla, la restauración de su interior se debe a la escuela taller de la Diputación Provincial, primero, y a la IE University, con un campus que en la actualidad dispone de unos 18.000 m². La **fachada** luce unos frisos y pináculos de estilo gótico y ensortijado trazo, y su **portada,** atribuida a Juan Guas y a la que se accede por una doble escalera semicircular, se adorna de blasones y figuras sobre una Piedad. El templo fue fundado en 1217 por Santo Domingo de Guzmán, se reconstruyó en tiempos de los Reyes Católicos y sufrió un grave incendio en el año 1809.

Enmarcada por una capilla del siglo xv, la **cueva de Santo Domingo** fue el lugar escogido para su penitencia por el santo predicador y taumaturgo. Este centro espiritual, a cuyo misticismo no pudo resistirse ni la misma Santa Teresa de Jesús, que en él tuvo visiones, goza de una **portada** llena de simbólicas decoraciones, semejantes a las de su convento compañero.

Aunque por la antigua cuesta de Santa Lucía se puede hacer el recorrido en coche, en este punto es recomendable bajar las escaleras que nos llevan a las huertas, el puente y el paseo de la Alameda.

Si todas las grandes ciudades tienen su historia unida al cauce de un río, Segovia lleva al Eresma arrastrando de la suya. La **alameda del Parral,** lugar ancestralmente maltratado, es un paraje idílico. Si

⊙ A4
Centro de Interpretación del Barrio de San Lorenzo y los Valles
✉ Puente de San Lorenzo, 23.
☎ 636 375 689.
🖥 www.segoviaeduca enverde.com

⊙ B3
Monasterio de Santa Cruz la Real

▲ Real Casa de la Moneda.

◐ A2
Monasterio de Santa María del Parral
✉ Alameda del Parral, s/n.
☎ 921 431 298.
🔗 https://monjesjeronimos.es
◐ De miércoles a domingo y festivos, pases a las 11 h y a las 17 h.
Misa, domingo a las 12 h.

sus centenarios olmos no pudieron resistir la mortal grafiosis, aún quedan esos magníficos chopos cuya inclinación parece rendir homenaje a las aguas a veces cubiertas de líquenes y polen. Los castaños, arces, saúcos e, incluso, un incitante árbol del amor, junto a la fuente, la vereda y el puente forman un conjunto monumental tan sugerente como un cuento y tan esbelto como una catedral. La mitad sur del paseo, repoblada con tilos y almeces, está adornada en su fondo por la elegante silueta del monasterio del Parral.

▌ SANTA MARÍA DEL PARRAL ✴

De esta impresionante construcción, que reúne varios edificios, claustros y capillas, tan solo pueden visitarse pequeñas partes, y no las más interesantes, pues la congregación de frailes jerónimos que lo habitan mantiene régimen de clausura. Sin embargo, los varones que deciden abandonarse durante algún tiempo a la meditación, la reflexión en soledad o la relajación son acogidos por el reducido colectivo religioso en la hospedería monacal.

El **monasterio** fue mandado construir por Enrique IV en 1447 y fueron sus autores Juan Gallego y, a su muerte, Juan Guas. Declarado Monumento Nacional en 1914, su interior ha sufrido durante siglos un lento expolio que le ha despojado de las numerosas riquezas artísticas que llegó a guardar. De estilo gótico y plateresco, su hermosa **torre,** realizada por Juan Campero en 1529, presenta una original crestería de claraboyas y candeleros. La portada quedó inacabada y en su parte más elevada figuran los escudos de los marqueses de Villena, fundadores de

▲ Monasterio de Santa
María del Parral.

la capilla. La **iglesia,** de una sola nave, muestra tal parquedad en su decoración que acentúa notablemente el efecto de frialdad y desnudez del templo, aunque también el de grandiosidad. El **retablo** de la capilla mayor, plateresco, de talla polícroma, fue realizado en 1528 por Juan Rodríguez y Lucas Giraldo. En sus laterales se encuentran los **sepulcros** de alabastro de los marqueses, Juan Pacheco y María de Portocarrero.

Por la entrada al claustro de a hospedería, único que podemos visitar, se accede al **patio de la Alberca,** un lugar apartado, lleno de uz y frescor incluso los días más calurosos, desde el que, además, se disfruta de una excepcional vista del Alcázar.

Saliendo por la cuestecita que llega a la entrada del monasterio seguimos ahora en línea recta para cruzar por el puente de piedra sobre una pequeña presa en cascada, desde el que podemos observar el curso del río junto a la alameda.

A nuestra derecha queda un enorme edificio con techumbres de pizarra, construido por el arquitecto Juan de Herrera, que en tiempos de Felipe II disfrutó de gran brillantez. El Real Ingenio de la Moneda, o, como se le suele llamar, la **Casa de la Moneda,** continuó desde finales del siglo xvi la tradición numismática existente en Segovia ya desde la dominación romana. El troquel copiado de los alemanes, que acuñó monedas hasta 1869, requería una complicada y minuciosa maquinaria movida por el agua del Eresma, que motivó el hoy eufemístico sobrenombre de "ingenio". Tras funcionar como fábrica de harinas durante unos años, la edificación fue

· · · · · · · · ·

🔵 A1-2
**Real Casa de la Moneda
Centro de Interpretación
del Acueducto**
☎ 921 475 109.
📱 https://turismodesegovia.
com
🕐 De miércoles a sábado, de
10 a 14 h y de 16 a 18 h;
domingo de 10 a 14 h.
🎫 Entrada: 4,50 € (miércoles
no festivo acceso gratuito).

abandonada. Después de una profunda restauración, la antigua ceca es, desde marzo de 2015, un gran espacio museístico que integra, también, el **Centro de Interpretación del Acueducto.**

▮ SAN MARCOS Y LA VERA CRUZ   ★★

Regresamos otra vez al paseo de Santo Domingo, de nuevo a los pies del cada vez más colosal Alcázar, para cruzar el **puente de San Marcos,** un paso estrecho y encantador que nos introduce, entre huertas, en el barrio que le da nombre. El sinuoso camino, adornado de un homogéneo y bien restaurado caserío, llega hasta la parroquia consagrada a este santo evangelista, un pequeño **templo** románico que se ubica en un solar dedicado al culto desde la dominación romana. Se recomienda concertar la visita a uno de los jardínes históricos más bellos de Castilla, situado a los pies del Alcázar: el **Romeral de San Marcos,** creado por Leandro Silva, restaurador del Real Jardín Botánico de Madrid y uno de los paisajistas más destacados del siglo XX.

El camino que sale justo enfrente de la iglesia lleva al pueblecito de **Zamarramala,** actualmente

⊙ A1
San Marcos

⊙ A1
Romeral de San Marcos
✉ Marqués de Villena, 17.
🕿 https://turismodesegovia.com
🎫 Entrada: 5 €.

barrio incorporado a la capital, en el que se celebran las famosas fiestas de Santa Águeda, durante las cuales mandan las mujeres un día al año.

Al poco de iniciar la subida por la CL 607 nos encontramos con un templo muy especial, como ya anuncia su originalísima forma, la **iglesia de la Vera Cruz,** que constituye un misterio cuyas claves no han podido descifrarse ni con argumentos esotéricos ni mucho menos con deducciones lógicas. Fundada por la Orden de los Templarios, pasó, tras un periodo de abandono, a las manos de la Orden de Malta. Su **planta,** dodecagonal en el exterior y circular en el interior, se relaciona con la de otros templos del norte de Italia y con la mezquita de la Roca de Jerusalén. Su aspecto, de decoración sencilla, solitario y al borde de la caída del monte, es de por sí misterioso. Se cree que no fue construida para ser templo parroquial ni capilla monástica, sino como *martyrium,* es decir, un templo dedicado a evocar la muerte y resurrección de Cristo. Una leyenda popular cuenta que recién inaugurada la iglesia murió un caballero de la orden. La noche anterior al enterramiento los hermanos de la or-

◔ A1
Iglesia de la Vera Cruz
✉ Ctra. Zamarramala, s/n.
☎ 921 431 475.
◷ De martes a domingo de 10.30 h a 13.30 h y de 16 h a 18.30 h.
🖃 Entrada: 2,50 € (gratuita miércoles de 15 h a 17 h).

▼ Iglesia de la Vera Cruz.

Juan Bravo y los comuneros de Castilla

La monarquía autoritaria de Carlos I de España y V de Alemania supuso una sublevación de la pequeña nobleza y la burguesía en toda Castilla, especialmente en Toledo y Segovia. Tras la muerte de Isabel la Católica, Castilla atravesó una crisis que empeoró cuando Carlos I llegó en 1519, pues se desinteresó de los problemas castellanos y prefirió conceder cargos a extranjeros. El movimiento de los Comuneros tuvo por jefes a Juan de Padilla (Toledo), Juan Bravo (Segovia) y Francisco Maldonado (Salamanca), que fueron decapitados en Villalar (Valladolid), el 23 de abril de 1521 tras su derrota ante el ejército imperial.

En Segovia, el 29 de mayo de 1520, hubo una reunión de procuradores en la iglesia del Corpus Christi de la que el procurador Rodrigo de Tordesillas fue sacado a golpes por haber votado a favor del rey en las Cortes de Santiago de Compostela (al parecer, el rey compró los votos). Al día siguiente fue ahorcado. La lucha entre los partidarios del rey, al mando de Diego Cabrera, y los Comuneros, ayudados por toledanos y madrileños, terminó con la derrota de Villalar.

De esta guerra en Segovia han quedado dos huellas importantes: la bandera tradicional segoviana, de color morado, como la de los Comuneros (la oficial es azul), y el escudo, sobre el Acueducto, donde una leyenda urbana atribuye al decapitado comunero segoviano la identidad del busto que aparece. En el año 1976 el grupo de música tradicional segoviana Nuevo Mester de Juglaría musicó el poema del leonés Luis López Álvarez sobre el levantamiento de las Comunidades de Castilla, con un pasaje muy emotivo sobre el sitio de Segovia por las tropas de Carlos V.

den dejaron el cadáver dentro del templo y en un momento en el que este quedó solo, una bandada de grajos entró en la iglesia y comenzó a devorar el cuerpo. Al contemplar la dantesca imagen, el prior de la orden, enfurecido, espantó a las aves y recitó una maldición para que no volviesen a aparecer por la iglesia... Desde aquel día, los habitantes del entorno aseguran que no se han vuelto a ver grajos sobre el tejado de la Vera Cruz.

El **interior** de la Vera Cruz consta de un cuerpo concéntrico de dos pisos al que se accede por cuatro puertas orientadas a los puntos cardinales. La escalera adosada que sube a la segunda planta deja un espacio en el centro en el que un curioso **edículo** forma a su alrededor un deambulatorio circular. También conserva algunas **pinturas murales** y un valioso **Cristo** del siglo XIII.

Retomamos la carretera que abandonamos para continuar hasta la cercana **alameda de la Fuencisla,** un paraje delicioso que invita a pasear acompañados por el murmullo de las aguas del río Eresma y que permite obtener una de las mejores panorámicas del Alcázar. Es un lugar muy frecuentado por los segovianos para hacer deporte y también para descansar o relajarse, pues la integración de los edificios con la naturaleza inspira una calma excepcional. El primero que se descubre entre las peñas y cárcavas es el **convento de los Carmelitas Descalzos**.

Junto a él, la **iglesia** en la que reposan los restos del fundador del convento, San Juan de la Cruz; para llegar a su entrada debemos subir una escalinata. El sepulcro, construido en 1927, no tiene gran valor artístico pero el lugar, en el que aún se conserva el huerto y el oráculo en los que se retiraba el primer místico de la poesía española, mantiene la misma espiritualidad que le convenció para quedarse a meditar en él, siguiendo esa tendencia de los eremitas de buscar parajes abruptos donde abunden las cuevas para aislarse y las quebradas, quizás, para asumir la pequeñez del ser humano.

El otro gran edificio que surge por debajo de la roca es el **santuario** de la patrona de Segovia, la **Virgen de la Fuencisla**. El templo, renacentista, fue construido por Pedro de Brizuela entre los siglos XVI y XVII en el mismo lugar en que se enclavaba el primitivo santuario, de estilo románico tardío. En el **interior**, con planta de cruz griega, se encuentra el **retablo** barroco en el que se guarda, cuando no está en la catedral, la **imagen** de la Virgen, que fue descubierta en el siglo XIII.

La leyenda cuenta que la judía Esther fue despeñada desde lo alto de las Peñas Grajeras (como se conoce el lugar por la numerosa colonia de córvidos cuyo griterío es a veces ensordecedor), para unos por traición; para otros, por negarse a perder la virginidad. Justo antes de caer al suelo fue salvada por la Virgen y desde entonces se convirtió al cristianismo, tomando el significativo nombre de María del Salto.

El relato se encuentra narrado en relieves en la piedra barroca del **arco de la Fuencisla**, a cuya izquierda cruza el río el antiguo puente empedrado y que cierra la alameda de la Fuencisla. Ese camino nos lleva al molino de los Señores y al viejo ventorro de San Pedro Abanto, pero nosotros tomaremos la cuesta de los Hoyos para contemplar por última vez la silueta del Alcázar, la muralla y la catedral, el puente y el antiguo convento del Sancti Spiritu, propiedad del Ministerio de Defensa, y volver por el Paseo Nuevo hasta el barrio de San Millán, en donde comenzamos la visita a Segovia.

· · · · · · · ·

A1
Convento de los Carmelitas Descalzos (San Juan de la Cruz)
- Pº Segundo Rincón, 5.
- 921 431 961.
- https://sanjuandelacruz segovia.com
- De lunes a domingo, de 10 h a 12.30 h y de 16 h a 19 h.

· · · · · · · ·

A1 (f.p.)
Santuario de la Virgen de la Fuencisla
- Pº Segundo Rincón, s/n.
- 921 433 185.
- https://cofradiavirgendela fuencisla.com
- De lunes a domingo, de 8 h a 21 h.
- Entrada gratuita.

▼ Arco de la Fuencisla.

D4 (f.p.)
Monasterio de San Antonio el Real
✉ San Antonio el Real, 6.
☎ 921 420 228.
🌐 www.segoviaturismo.es
🕐 De martes a domingo de
11 h a 13 h y de 16.30 h
a 18.30.

C4
Iglesia de los Santos Justo y Pastor
✉ Pza. San Justo, s/n.
☎ 921 422 413.
🕐 De martes a domingo de 11
h a 13.30 h y de 17 a 20 h.

C-D4
Iglesia del Salvador

▼ Calvario. Retablo
flamenco del convento
de San Antonio el Real.

OTROS LUGARES DE INTERÉS

Algunos monumentos y rincones de Segovia se encuentran alejados de las zonas que hemos visitado
aunque es recomendable acercarse hasta ellos porque, además de su interés, en esta ciudad las distan-
cias difícilmente superarán los 15 minutos en coche.

❚ MONASTERIO DE SAN ANTONIO EL REAL   ✱

Partiendo del Acueducto y tomando la avenida del
Padre Claret encontramos a la derecha el **monasterio de San Antonio el Real**. El edificio fue palacio de verano del rey Enrique IV, quien lo fundó en
1455 sobre otro palacio anterior al que corresponde
la capilla mayor, los coros y la nave de la iglesia.
Hacia 1485 fue cedido por los Reyes Católicos a
la Orden franciscana, momento desde el cual empieza a funcionar como monasterio. Al trasladarse
los franciscanos, queda en manos de una pequeña
congregación de monjas clarisas, quienes aún lo
habitan en régimen de clausura y gestionan en la
actualidad las visitas al monumento, junto al que se
ha abierto un complejo hotelero.

Uno de los primeros espacios que se visitan es el
claustro, que cuenta en sus corredores con una increíble serie de originarios **artesonados** mudéjares.
El lugar, húmedo y frío, cobra vida cuando se abren
las pesadas ventanas que dan al antiguo jardín real y
desde donde se pueden observar tanto la pequeña
fuente, rodeada de verdor, como la galería superior
que guarda en absoluto silencio el secreto de las
hermanas de Santa Clara.

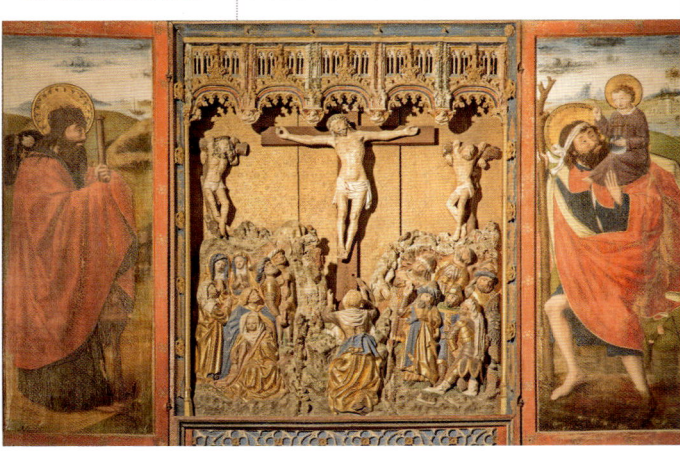

En la **iglesia,** cuya portada de estilo gótico isabelino preside una plazuela rectangular con los blasones de Enrique IV, también se esconden importantes riquezas. La **capilla mayor** está cubierta con un asombroso **artesonado** del siglo XIV, cuya variada y complicada decoración enlaza con un **friso** de yeserías igualmente cuidado. En el muro de la epístola figura un **calvario** flamenco que data del siglo XV y que está cuajado de un ejército de figurillas policromadas que parecen pelear en busca de espacio. En las **salas** llamadas **del Rey** y **de la Reina** aparecen, además de esos maravillosos artesonados a los que ya casi nos hemos acostumbrado en este palacio, interesantes cuadros, esculturas y algunos **trípticos** flamencos del siglo XV.

❚ SAN JUSTO Y EL SALVADOR　✳

La **iglesia de los Santos Justo y Pastor,** cuya torre veíamos desde lo alto de la calle San Juan y a la que se llega ascendiendo desde el Acueducto por Ochoa Ondátegui, es una visita muy recomendable. En su **interior** existen unas **pinturas** murales románicas, con representaciones bíblicas, y un **Pantocrátor,** rodeado de ancianos, que constituyen un verdadero tesoro artístico. Guarda así mismo una buena **portada** policromada, que fue realizada a finales del periodo románico, que representa el descubrimiento de las reliquias de los mártires Justo y Pastor, cuya cofradía se encarga de la conservación del edificio.

El templo fue construido en el siglo XII sobre los restos de una pequeña ermita y dedicado inicialmente al Cristo de los Gascones. Derruida la antigua sacristía, aún conserva una lustrosa **torre** inacabada que soporta el nada despreciable peso de varios nidos de cigüeñas.

La **iglesia del Salvador,** enclavada en la amplia plaza del mismo nombre, nos queda a unos 50 m si ascendemos por la calle Santa. Tiene **pórtico** cegado y **torre** románicos y el **crucero** y la **bóveda** de la capilla mayor son góticos. Asimismo, en su **interior** se conservan un **Cristo** gótico, una **pila bautismal** de estilo románico, una **Inmaculada** de Gregorio Fernández y una **tabla** flamenca del siglo XVI.

Si en la visita al Acueducto no alcanzamos la plaza de Díaz Sanz, es ahora el momento de hacerlo, pues tan solo nos separa de ella el breve trecho que supone la calle de San Alfonso Rodríguez.

El irregular cuadrilátero, en el que tuerce su recorrido el Acueducto en busca del Azoguejo, está rodeado de un hermoso caserío. A nuestra dere-

▼ De arriba abajo, san Francisco de Asís, san Juan Bautista y el arcángel Miguel, obras de San Antonio el Real.

ⓓ D3
Academia de Artillería
✉ San Francisco, 25.
📧 visitaacademiadeartilleria@
   mde.es
   Imprescindible concertar
   la visita.
🕐 Martes a las 11 h.

cha varias fachadas de edificios ofrecen ese típico elemento de la arquitectura segoviana que son las galerías abiertas que se utilizaban en la época de auge de la industria textil como secadero de paños. El hermoso jardín, adornado con dos imponentes cedros en los que también anidan cigüeñas, pertenece al **Instituto Mariano Quintanilla,** donde aún se conserva intacta el aula en que impartió sus clases de francés Antonio Machado.

Al otro lado del puente romano la **Academia de Artillería** ocupa el resto de la plaza; bajando por la calle de Pintor Montalvo podemos ver su entrada, que consta de una ancha escalera flanqueada con cañones, anterior pórtico del **convento de San Francisco,** donde fue instalado el Colegio de Artillería tras la mudanza a que obligó el incendio del Alcázar en 1862. El **claustro** plateresco del convento pasó, en un abrir y cerrar de ojos, de ser testigo silencioso de los rezos franciscanos a presidir paradas militares. Se puede visitar su museo y las salas nobles.

La calle de San Francisco, con la plateresca **casa del Sello de Paños,** sede de la Diputación de Segovia, acompañada de otras casonas y palacios, es peatonal y posee, gracias a sus numerosos comercios, una alegre animación. Su final, en el mismísimo Azoguejo y al pie del coloso cuya presencia simboliza a toda la ciudad, es también el de nuestro recorrido por sus calles.

El **Jardín Botánico** (Morillo, 14), fundado a finales del siglo XVIII, es uno de los espacios verdes de la capital segoviana que no hay que dejar de visitar. Así como la antigua prisión provincial de mujeres, reconvertida en centro cultural en septiembre de 2017: La **Cárcel_Segovia Centro de Creación.**

Es de justicia, no obstante, mencionar otros lugares como las **iglesias de Santo Tomás** o **Santa Eulalia,** la **ermita del Cristo del Mercado,** junto al arco de Madrid, los **arcos de San Cebrián** y **San Andrés** y algunos otros que, si el tiempo no nos apremia en exceso, es aconsejable conocer.

· · · · · · · ·

⏱ f.p.
La Cárcel_Segovia Centro de Creación
✉ Avda. Juan Carlos I, s/n.
☎ 921 466 706.
🌐 www.lacarcelde
segovia.com

◄ Pinturas murales románicas en el ábside de la iglesia de los Santos Justo y Pastor (siglos XII-XIII).

Excursiones
por la provincia
de **Segovia**

Excursiones
por **Segovia**

La provincia de Segovia, con 7.000 km² de superficie, alberga una enorme variedad de paisajes, de la serranía al páramo, de la campiña a la tierra de pinares, inhóspitos secarrales y frondosas riberas. La riqueza ecológica de la geografía segoviana abarca especies faunísticas típicamente ibéricas, como el corzo, el jabalí o el gato montés y también un centenar de especies de aves, desde las

grandes rapaces hasta las multicolores abubillas y abejarucos.

Tanta variedad natural hace que la provincia de Segovia tenga en la actualidad tres parques naturales, las Hoces del Río Duratón, las Hoces del Río Riaza y la Sierra Norte de Guadarrama, un espacio natural protegido, el hayedo de Riofrío de Riaza, el más meridional de Castilla y León, y parte del territorio del Parque Nacional de la Sierra de Guadarrama. Además, La Granja y El Espinar están declaradas Reserva de la Biosfera por la Unesco.

Un recorrido por la provincia nos llevará hasta los espectaculares cañones de los ríos Riaza y Duratón, a contemplar la belleza del arte mudéjar en la campiña segoviana, las ancestrales tradiciones de la tierra de pinares, algunos de los más relevantes ejemplos del arte románico de toda Castilla y León o la personalidad de la alta montaña en los pueblos de las sierras del sur.

Cualquier itinerario que escojamos siempre nos dará la oportunidad de mimar el paladar gracias a una gastronomía popular que ya es célebre fuera de sus fronteras: el cochinillo y el lechazo asado en horno de leña, el chorizo de Cantimpalos, el jamón serrano o el judión de La Granja.

No estaría completa ninguna excursión si no se prueba el excelente vino del noreste segoviano, con dos denominaciones de origen: Rueda y Ribera del Duero, situado entre los mejores de la Península.

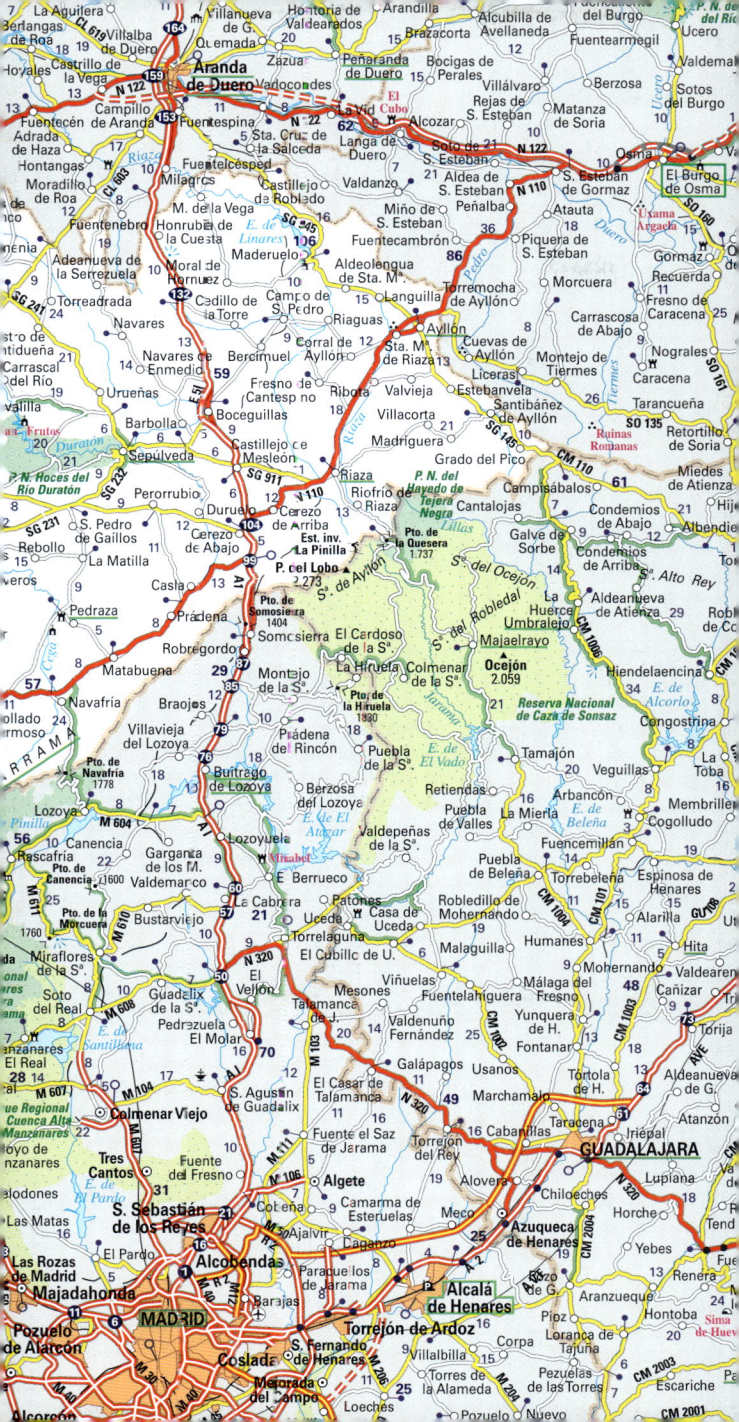

Pedraza, Sepúlveda y el Duratón

Desde Segovia iniciamos un recorrido hacia el noreste de la provincia, un camino trufado de bellas muestras del románico segoviano y con el aliciente añadido de visitar la llamada "costa del cordero asado". Una excursión que alimentará en cuerpo y alma.

Salimos de la capital por la N 110 en dirección a Soria. A tan solo 10 km entramos en el pequeño pueblo de **Torrecaballeros,** que nos da pie a mencionar de pasada un tema gastronómico, pues se ha convertido en una de las capitales de la que se ha dado en llamar "costa del cordero" por la proliferación de hornos de asar en los que se tuestan corderos lechales. A 3 km en dirección a La Granja está **Cabanillas del Monte,** donde se conserva una **casa de esquileo** del siglo XVIII, dedicada hoy a la celebración de bodas.

A poca distancia y adentrándonos en el correspondiente desvío llegamos a la localidad de **Sotosalbos,** otra pequeña villa en la que se levanta la **iglesia de San Miguel,** del siglo XI, primera muestra del románico típicamente segoviano. Delimitada por una breve cerca, llama la atención la **galería** porticada compuesta por siete arcos de medio punto, centrados por una portada rodeada de adornos esculpidos en la piedra caliza. Tanto los **capiteles** como la **cornisa** conservan una cuidada serie de figuras que protagonizan representaciones míticas.

En el *interior,* de una sola nave con ábside cuadrado, se encuentran **frescos** románicos y una **imagen** del siglo XIII de Nuestra Señora de la Sierra, patrona del lugar, y a la que se consagró el monasterio cisterciense levantado al pie de la montaña en la cercana localidad de **Collado Hermoso,** hoy arruinado tras el secular abandono. La **torre,** recia aunque no muy alta de la **iglesia de San Nicolás de Bari,** alberga un pequeño museo que muestra una serie de piezas recogidas en iglesias de la zona.

Unos kilómetros más adelante cruzamos el río Pirón que cuenta, aguas abajo, con uno de los más ricos entornos naturales de la provincia y, recién pasada la diminuta villa de La Salceda, a la salida de un soto poblado de fresnos, tenemos a nuestra izquierda una carretera que anuncia la dirección de Sepúlveda. Por ella nos adentramos, pasando al lado de Torreval de San Pedro, atravesando Val de San Pedro y observando, junto a la carretera, la hermosa y solitaria ermita de la Virgen de la Vega. Nada más cruzar la localidad de La Velilla, al otro lado del puente sobre el río Cega, está el desvío que constituye el último tramo antes de llegar a Pedraza. Todo el camino que dejamos atrás está salpicado de puntos de interés para los amantes del turismo rural.

Desde aquí, justo encima de nosotros, podemos observar el relieve de la villa y las almenas de su **castillo,** aunque no podremos hacernos una idea exacta de lo que nos espera en lo alto del peñasco en el que se enclava **Pedraza de la Sierra.**

Primero vemos la ermita de la Virgen del Carrascal, un abrevadero de ganado, luego una empinada

Oficina de Turismo de Pedraza
Real, 3.
921 508 666.
www.pedraza.es

▼ Plaza Mayor de Pedraza de la Sierra.

cuesta y, por último, la preciosa puerta, única por la que se puede entrar y salir de este increíble pueblecito medieval. Conocida como la **puerta Barbacana** y también puerta de la Cárcel, era el talón de Aquiles de una ciudad cuya muralla y situación geográfica la hacían casi inexpugnable, pese a que la historia demuestre otra cosa. Enrique IV, en una de sus crónicas de talante sobrio y castrense la describe así: "Entre dos cerros, separados por un callejón, sobre una muela de considerable altura y elevación, y accesible solo por una vertiente".

La época de mayor desarrollo de Pedraza coincidió con el apogeo del negocio de la lana y el

Un románico rural

Son numerosas las iglesias y ermitas románicas que se descubren en la provincia de Segovia. La presencia de estos templos se hace manifiesta especialmente al noreste de la capital, donde una retahíla de pueblos alberga hermosas joyas románicas, algunas perdidas en diminutas y dispersas aldeas. Un buen comienzo de esta ruta es, sin duda, la comarca de los ríos Pirón y Polendos, donde aparecen pequeñas ermitas románicas de los siglos XII y XIII. Pueblos como Espirdo, La Higuera, Cabañas de Polendos, Santo Domingo de Pirón, Adrada de Pirón, Pelayos del Arroyo, Peñarrubias y Torreiglesias son solo algunos de los lugares donde merece la pena detenerse, pues albergan hermosos templos donde se descubren abundantes representaciones de figuras humanas y vegetales.

En Tierra de Pinares, la piedra cede paso al ladrillo. Cuéllar (ver *Ruta del Mudéjar*, pág. 106) o Aguilafuente son excelente muestra del románico mudéjar, pero merecen una parada más larga. En esta última villa, situada en el centro de la provincia de Segovia, se levantan dos buenos ejemplares románicos: la iglesia de San Juan Bautista, construida en piedra y ladrillo en el siglo XI, y la iglesia de Santa María, que tiene su origen en el siglo XII. Aunque ambas presentan en la actualidad diversos estilos guardan testimonios románicos importantes. En la primera, sobresale la torre adosada de planta cuadrangular y la bóveda de cuatro paños; en la segunda, el ábside que remata la nave central, de estilo románico mudéjar.

En la torre de la iglesia de San Juan Bautista, esta vez en la monumental villa de Pedraza, también se pueden apreciar los restos de su original estilo románico. Además de la preciosa arquería que recorre la torre y el ábside del templo, destaca en su interior una pila bautismal románica del siglo XIII. Sepúlveda, es sin duda, la villa que reúne los más bellos y numerosos ejemplos del románico rural segoviano. Entre los más interesantes se encuentra la iglesia del Salvador, levantada en el 1093 con una sola nave, ábside semicircular y un precioso pórtico; y la iglesia de los Santos Justo y

asentamiento de poderosas familias relacionadas con la Mesta. Cabecera de una Comunidad de Villa y Tierra, fue en principio señorío de los Herrera, para permanecer después ligada durante siglos a la familia Fernández de Velasco, condestables de Castilla desde mediados del siglo XV. El declive de la ciudad comenzaría en el siglo XVIII, como consecuencia de la crisis ganadera, y se ha ido agudizando hasta nuestros días. Hoy la villa cuenta con cerca de 470 habitantes y un patrimonio histórico muy bien conservado que atrae a un turismo de cierta calidad.

Nada más pasar el arco, a la izquierda se encuentra la antigua **cárcel de la Villa,** edificio medieval del siglo XIII con fuertes muros y gruesas rejas. Con ayuda de un guía, el visitante podrá contemplar cómo era una mazmorra, comprobar la insalubridad en

Cárcel de la Villa
- 921 509 955.
- https://pedraza.net
- Visitas guiadas.

Pastor, que alberga bajo el ábside una peculiar cripta con puerta lobulada y tres naves con sus propios ábsides, algo insólito en el románico segoviano. Otros buenos ejemplos son la iglesia de la Virgen de la Peña, del siglo XII, con un magnífico tímpano en la puerta de entrada, la iglesia de San Bartolomé, cubierta de madera y con una esbelta torre de sillería, y la iglesia de Santiago, con un interesante ábside de ladrillo con doble arquería y figuras geométricas. Pero donde este estilo responde mejor a su espíritu recoleto y espiritual es, precisamente, en pequeñas aldeas donde los templos han permanecido inalterables durante siglos: Sotosalbos, Orejana, Duratón, Navares de las Cuevas, Perorrubio...

Un último retazo de templos románicos lo encontramos en Ayllón, donde se erige la iglesia de San Miguel, construida en piedra, y con una robusta espadaña, y la iglesia de San Juan, del siglo XIII, de la que aún queda en pie el ábside con tres arcos de medio punto de tres arquivoltas.

No debe terminar nuestra ruta sin acercarnos hasta la campiña segoviana, para visitar el monasterio de Santa María la Real de Nieva. El templo es del siglo XV, pero conserva un hermoso claustro de estilo gótico arcaico con claras tendencias románicas en la decoración de los capiteles. Las escenas esculpidas son una auténtica crónica de la vida medieval con escenas caballerescas, campesinas, religiosas y fantásticas que deleitarán al viajero observador.

▲ Claustro de Santa María la Real de Nieva.

que malvivían los prisioneros y, al mismo tiempo, conocer el desarrollo de la historia de la villa.

Continúa la visita por la **Calle Real,** espina dorsal del pueblo, donde salen al paso numerosas casas blasonadas y algunas mansiones, como la **casa de Pilatos,** del siglo XVI, provista de balcón esquinero y portada con arco de medio punto. La calle desemboca en la hermosa **Plaza Mayor,** irregular y anárquica, construida a lo largo de los siglos con materiales de diversa procedencia, como las columnas y pilares que sostienen los pórticos de dos de sus lados. En sus soportales se abren algunos de los mejores mesones y hornos de asar de la villa. A la plaza se asoman también el **Ayuntamiento,** en cuya sala de exposiciones se muestran temporalmente las obras de artistas y artesanos de la zona, y la **iglesia de San Juan Bautista,** de origen románi-

• • • • • • • •

Castillo Museo Zuloaga
☎ 921 509 825.
🌐 https://museoignacio
zuloaga.com
🖥 Entrada: 7 €. El primer
viernes de mes hay una
visita guiada que incluye el
estudio del pintor. Precio:
12 € (previa reserva).

• • • • • • • •

Casa del Águila Imperial
✉ Cañada Real Orejana, s/n.
☎ 921 508 778.
🌐 https://patrimonionatural.
org
🕐 Abierto de abril a octubre.

• • • • • • • •

Museo del Paloteo
✉ Avenida del Folklore, s/n.
☎ 921 531 001/ 055.
🌐 www.sanpedrodegaillos.com

▼ Vista de Sepúlveda.

co, como demuestra su torre con arquería en los tramos superiores y la pila bautismal del siglo XIII. No obstante, el templo fue totalmente reformado en estilo barroco.

Tomando la **Calle Mayor** se llega al **castillo,** del siglo XIII y rehecho en el XV, que se alza en una vasta explanada oteando un profundo barranco. En 1927 fue adquirido por el pintor Zuloaga, quien acondicionó la torre del homenaje para instalar su estudio y vivienda. La familia del artista ha rehabilitado una segunda torre como **Museo Zuloaga,** donde se exponen de forma rotativa las obras del pintor.

Extramuros de la villa, junto al cauce del arroyo Encinarejo está la antigua ermita desacralizada de Nuestra Señora de Carrascal, convertida hace años en **Casa del Águila Imperial,** un centro de interpretación que no debes dejar de visitar.

Regresamos sobre nuestros pasos para retomar la dirección de Sepúlveda. Pasamos por La Velilla, Valleruela de Pedraza y la Matilla. Dejamos a la izquierda **San Pedro de Gaillos,** con su **Museo del Paloteo** y, enseguida, llegamos a la carretera que va desde Cantalejo hacia Cerezo, tomándola en dirección a este último para hacer un corto desvío. El motivo es atisbar el **castillo** del diminuto condado de **Castilnovo,** escondido en un soto de chopos a pocos kilómetros. Esta soberbia construcción, de gusto mudéjar y levantada en el siglo XIV, ha sido morada de don Álvaro de Luna, los Reyes Católicos y los delfines de Francia, aunque estos últimos en condición de prisioneros de Carlos V.

En pequeños pueblos como Villafranca o Perorrubio se pueden admirar sencillos templos románicos. El mejor ejemplo, sin embargo, se encuentra en la aldea de **Duratón,** donde se levanta la **iglesia de Nuestra Señora de la Anunciación,** que puede considerarse entre los templos románicos rurales más destacados del recorrido. Sobresalen el ábside de tambor, la original torre acastillada, la galería porticada y la profusa decoración geométrica de sus cinco portadas. A dos pasos del templo está el **yacimiento** de la ciudad romana de **Confloenta.**

Retomando el camino que abandonamos, tras las primeras curvas enseguida avistamos la silueta inconfundible de **Sepúlveda** y el **mirador de Zuloaga,** así llamado por ser el lugar elegido por el artista para inmortalizar el paisaje calcáreo que ahora tenemos ante nuestros ojos.

En las **cuevas** horadadas en la roca caliza de las cortadas del río Duratón que, junto con el Caslilla, conforman la peña de Sepúlveda, se han encontrado vestigios humanos que sitúan a los celtas entre sus primeros pobladores, aunque algunos investigadores afirman que cazadores e, incluso, los primeros agricultores del Hombre de Cromañón habitaron la zona.

Durante la Reconquista sufrieron los sepulvedanos los continuos envites musulmanes que pusieron alternativamente a la villa en manos cristianas y sarracenas. Pero el valor de sus habitantes no dejó de manifestarse en los tiempos de esplendor en los que gozaba de privilegiados fueros. Cuentan con orgullo que hasta las tropas napoleonicas tuvieron que doblegarse en su empeño de tomar la ciudad ante el empuje de unos hombres y mujeres a quienes el emperador tomó por locos.

En aquella época de gran vitalidad se levantaron más de 20 templos, entre iglesias y ermitas, de las que apenas quedan unas pocas. No obstante, la comunidad de Villa y Tierra de Sepúlveda, vestigio de aquel concejo medieval que regentaba las Extremaduras, sigue siendo cabeza del conjunto de pueblos que la formaban y que, probablemente, le dieron el nombre, derivado de *Septem Publicam,* que hacía referencia a las siete localidades que componen su circunscripción.

Los habitantes de Sepúlveda hacen gala de asar el cordero más sabroso de España y de ello pueden dar muestra los numerosos hornos que atraen al paseante con el inconfundible olor del delicioso lechal. Pero la ciudad tiene muchos más atractivos que se disfrutan con el simple paseo por sus calles.

La subida del Salvador, la **Plaza Mayor,** presidida por la espadaña del **castillo,** junto al coqueto **Ayuntamiento** del siglo XVII, el **barrio de Santa Cruz** o la bajada de San Esteban, entre otras, encierran tal cantidad de caserones señoriales y hermosos rincones que la vista apenas tiene tiempo de descansar. El **palacio de los González de Sepúlveda,** conocido como la **casa de las Conchas** o la **de los condes de Sepúlveda** son tan solo tres magníficos ejemplos de una lista que se haría interminable. El paseo tranquilo por las empinadas calles, los sorprendentes recovecos y las retorcidas escalinatas es casi obligado. Pero como en todo pueblo castellano que se precie han de destacar las iglesias, y Sepúlveda conserva en las suyas un románico muy primitivo y auténtico.

La **iglesia del Salvador,** a la que se accede por la curvilínea escalinata y cuya altiva presencia se levanta sobre todo el pueblo, es casi con seguridad una de las primeras que se construyeron en este estilo al sur del Duero; como lo anuncia una

▪ Oficina de Turismo de Sepúlveda y Centro de Interpretación de la Antigua Cárcel
▨ Plaza del Trigo, 6.
☎ 921 540 425.
🌐 www.turismosepulveda.es

Casa del Parque de las Hoces del Duratón
▨ Conde de Sepúlveda, 34. En Sepúlveda.
☎ 921 540 322.
🌐 www.turismosepulveda.es
🌐 www.patrimonionatural.org
🕓 Del 26 de junio al 31 de julio: martes, miércoles, jueves, domingo y festivos de 10 h a 15 h; viernes, sábado y vísperas de festivo de 10 h a 19 h, lunes cerrado.
Del 1 de agosto al 31 de agosto: miércoles, jueves, domingo y festivos de 10 h a 15 h; viernes, sábado y vísperas de festivo de 10 h a 19 h; lunes y martes cerrado.
Del 1 de septiembre al 31 de diciembre: miércoles y jueves de 10 h a 13.30 h; viernes, sábado y vísperas de festivo de 10 a 18 h; domingo y festivos de 10 h a 15 h; lunes y martes cerrado.

inscripción en una de las columnas del exterior, la fecha de su construcción se remonta al año 1093. De su espléndida figura destacan la **torre** cuadrada, el **ábside** de tambor, al que se accede por un arco de triunfo, y la **galería** porticada compuesta de ocho arcos en grupos de dos y separados por columnas dobles y **capiteles** decorados con motivos vegetales y figurillas coronadas.

El *interior,* de una sola nave, se remata con bóveda de cañón de tres tramos apoyada sobre pilastras. Se conserva un **crucifijo** del siglo XIV.

Cruzando el arco de la villa, al final del pueblo y al borde de la profunda cortada del río Duratón, se encuentra el **santuario de la Virgen de la Peña,** patrona de Sepúlveda y de su comarca. Ubicada en una amplia plaza arbolada, su belleza pierde relevancia junto al profundo significado que el templo tiene para los habitantes de la zona. Domingo Juliano fue el responsable de su construcción en el año 1144, según reza la firma cincelada al pie de la torre. Aunque algo estropeado, el templo conserva una notable **puerta** con dintel y un **Crismón** con ángeles bajo un **Pantocrátor.** El **ábside** es semejante al del Salvador y, como ese templo, guarda en su sencillo interior, junto a la imagen medieval de la patrona, un **Crucifijo** del siglo XIV.

Muy cerca del arco que antes cruzáramos aparece, tímidamente, la bonita fachada de la **iglesia de los Santos Justo y Pastor,** que aún conserva una misteriosa **cripta** con tres curiosas esculturas. El edificio, originariamente románico, posee un **arco triunfal** con interesantes **capiteles.** El interior mantiene las tres naves, una de las cuales se cubre con techumbre de madera. Declarada Monumento Nacional en 1931, alberga el **Museo de los Fueros.**

La **iglesia de Santiago,** que pasó largo tiempo arruinada, acoge la sede de la Casa del Parque Natural de las Hoces del río Duratón. El templo conserva un valioso **ábside** de ladrillo mudéjar decorado con arcos cegados y la **torre** románica de mampostería.

El último **templo** que visitaremos en Sepúlveda, el **de San Bartolomé,** está situado junto a la plaza al otro lado del castillo y precedido de una recóndita y hermosa **escalinata** renacentista que se adorna con crucero de piedra. Es de origen románico, aunque también ha sido retocado; tiene gran encanto la sencilla **galería** del muro norte que nos encontramos nada más concluir el ascenso de las escaleras.

Antes de abandonar la villa merece la pena visitar el **Museo de Figuras de Juguete Antiguas.** La colección, que reúne unas 14.000 figuras procedentes

· · · · · · · ·

Museo de los Fueros
✉ Santos Justo y Pastor, 8.
☎ 921 540 047.
💻 www.turismosepulveda.es
🎫 Entrada: 3 €.

· · · · · · · ·

Museo de Figuras
de Juguete Antiguas (Fijas)
✉ Sancho García, 24.
☎ 619 262 150, 616 452 110.
💻 www.museodefiguras.es

de más de 25 países y fabricadas entre 1770 y 1960, muestra, entre otros detalles, los diversos procedimientos y técnicas de fabricación de las piezas de los juguetes.

Tomamos ahora el empinado camino de **Villar de Sobrepeña,** en cuyos lados se pueden apreciar las canteras de piedra caliza rosada, además de sabinas, enebros y variados tipos de matorral.

Tras pasar unos 6 km del mencionado núcleo llegamos a un cruce que nos permite adentrarnos en el *Parque Natural de las Hoces del Duratón*.

▼ Parque Natural de las Hoces del Duratón.

El río Duratón, que tiene su nacimiento en las proximidades de Somosierra, tras recorrer un centenar de kilómetros llega a Sepúlveda, donde a lo largo de miles de años ha ido horadando el sustrato calizo de la zona para esculpir un serpenteante cañón de 25 km de longitud que llega hasta el embalse de Burgomillodo y alcanza desniveles de hasta 100 m.

Entre los cantiles se abren numerosas formaciones cavernarias, como la **cueva de los Siete Altares,** iglesia rupestre de la época visigoda excavada a unos 15 m sobre el nivel del río, en cuyas paredes se han encontrado una serie de altares labrados y ornamentos geométricos. El conjunto funcionaba como centro litúrgico y se cree que pudo estar habitado. La cueva se encuentra muy cerca del puente romano, en la confluencia de los ríos Duratón y San Juan, junto a un área muy frecuentada por los excursionistas donde existen paneles informativos con itinerarios por el parque.

Nos acercamos ahora hasta **Villaseca,** que hace referencia a la austeridad del terreno, desde cuya

▼ Monasterio de Nuestra Señora de la Hoz.

iglesia parte una pista de tierra, apta para vehículos, que nos conduce hasta el punto más emblemático del recorrido, el **priorato de San Frutos,** enclavado en lo más alto del abismo que conforman las hoces del Duratón y desde el que se contempla una panorámica espectacular.

Tras recorrer unos 4 km hasta la zona del aparcamiento, caminando se puede llegar al borde mismo de la meseta rocosa del río y contemplar el asombroso *meandro* vigilado por el majestuoso vuelo del buitre leonado.

Al atractivo ecológico del lugar se añade la espiritualidad y ascetismo que invoca su pedregoso y árido paisaje, materializado en la figura de San Frutos. El santo anacoreta se retiró a este apartado rincón hacia finales del siglo VII junto a sus hermanos mártires Valentín y Engracia, y aquí llevaron una vida eremítica hasta el final de sus días, como aún recuerda una capillita. Los monjes de Silos se hicieron cargo del santuario, que cobró fama por los milagros atribuidos al santo, y construyeron la iglesia hacia la segunda mitad del siglo XI y un monasterio benedictino que se remató con restos romanos y visigodos. Entre los milagros de San Frutos el más célebre es el de "la cuchillada", según el cual el asceta trazó con su bastón una raya en el suelo que se convirtió en la profunda garganta, impidiendo el paso de las tropas musulmanas. Cada 25 de octubre se celebra una popular romería que evoca estos y otros detalles de la vida del patrón de los segovianos.

De la localidad de **Sebúlcor,** unos pocos kilómetros más adelante, sale otro camino, de difícil acceso, que nos acerca al segundo punto de nuestra visita al río. Se trata del **monasterio de Nuestra Señora de la Hoz,** hoy un fantasma en ruinas que se levanta al borde del río. El edificio fue construido en el siglo XIII, poco después de la llegada a tierras segovianas, concretamente a Sepúlveda, de la Orden franciscana. Su financiación se debió primero a las limosnas del priorato y, tras su temprano hundimiento dos siglos después, a la ayuda concedida por la reina Isabel la Católica. El lugar, encajonado en el cañón, mantiene un silencio sepulcral apenas alterado por el graznido de los córvidos, que no hacen sino acentuar la sensación de misterio, de ingravidez. El esqueleto pétreo del monasterio abre al cielo el interior del convento, aunque su misticismo ha quedado impregnado para siempre en el magma de agua, maleza y piedras.

En alguno de los farallones calizos de lo alto del desfiladero pueden observarse los restos que denotan la presencia del rey del Duratón: el buitre leonado.

San Frutos pajarero

Los segovianos tienen un patrón al que festejan convenientemente. Se trata de San Frutos pajarero, un santo bonachón, ungido por una estela ecologista y milagrera. Su fiesta se celebra el 25 de octubre, teniendo la catedral y el priorato de San Frutos, en las hoces del río Duratón, como escenarios. De modo que las devociones quedan divididas. Cuando a las doce de la noche del día 24 de octubre el reloj da las campanadas, los devotos se concentran en la puerta de la catedral, donde se encuentra una talla de granito del anacoreta, para verle pasar la hoja del libro que porta en la mano izquierda.

El único reproche que puede hacérsele al patrón de la diócesis es el de que es un poco gandul en la lectura: una página por año. Al día siguiente, además de la misa de la catedral y el villancico cantado por voces tiernas, se representa en la balaustrada de la cubierta catedralicia, frente a la plaza, uno de sus milagros más célebres, relacionado con su protección a los pájaros. Encarna a San Frutos un artista barbado como el propio santo y, tal que hiciera él con un devoto, le salen de su túnica, en alegre revoloteo, gran cantidad de pájaros de todas las especies.

El impresionante paraje que constituyen las hoces tajadas del río Duratón tiene, junto al encanto y al vértigo del paisaje que se acrecienta por la amarillez lánguida de la otoñada, el clásico regusto de las romerías campesinas; misa y procesión, con danza al son de la dulzaina y el tamboril. Es inexcusable, para aquellos que padezcan de hernia, "pasar la piedra" que se encuentra debajo del altar, adoptando una postura complicada. Y, para los que padezcan dolor de muelas, dar tres vueltas a la ermita es remedio infalible. Con ello el santo aleja padecimientos del cuerpo para todo el año. Después los devotos, con botas en bandolera y en animada chanza, se reparten por muelos y laderas a preparar fogatas para asar las chuletas de cordero. O se van a la cercana villa de Sepúlveda a catar, en sus muchos fogones, los aromáticos asados de lechazo que tanta fama le trajeron.

Hay habilitada y señalizada una ruta senderista de 77 km de longitud entre la capital segoviana y la ermita de San Frutos, en el corazón del Parque Natural de las Hoces del Duratón: el Camino de San Frutos. Alejada de las carreteras más transitadas, la ruta discurre a través de 22 municipios del nordeste de la provincia, pueblos con un interesante y desconocido patrimonio monumental y natural.

• • • • • • • •

**Centro de Recepción de
Visitantes de Cantalejo**
✉ Ferial, 4 (junto al Pabellón
Deportivo).
☎ 921 521 199.
🌐 www.cantalejo.es

• • • • • • • •

Museo del Trillo
✉ Carretera de Sepílveda, 52.
☎ 921 520 001, 921 521 401.
🌐 www.cantalejo.es

La colonia de esta ave impresionante supera ampliamente los seis centenares de parejas reproductoras a lo largo del cañón. Su volar, pausado y majestuoso sin apenas batir de alas, adorna el cielo del valle y el ancho pasillo que dejan las quebradas, con la danza inmóvil de su planeo. Entre enero y julio hay zonas de acceso restringido por ser época de cría.

Volvemos a la carretera que nos guió desde Sepílveda y que, en un abrir y cerrar de ojos, llega a **Cantalejo,** uno de los mayores y más animados pueblos de la provincia, que es conocido, sobre todo, por dos particularidades: la primera porque fue bollante centro industrial, hoy prácticamente desaparecido, dedicado a la fabricación artesanal de trillos de madera con dientes de piedra que fueron apreciados en toda España en tiempos lejanos a la mecanización. Se puede visitar el **Museo del Trillo** abierto hace unos años. La segunda es la utilización esporádica de un extraño lenguaje conocido como la gacería, mezcla de otros idiomas, que surgió de la llegada a finales del XVIII de un grupo de franceses que huía de la Revolución.

En el moderno caserío rural de Cantalejo destacan la **iglesia de San Andrés,** neoclásica, del siglo XVII, y la **ermita** románica **de la Virgen del Pinar,** construida por los Caballeros del Temple.

Cerca de esta ermita, junto a la carretera de Lastras de Cuéllar, existe uno de los escasos **humedales** situados sobre sistemas dunares de origen continental de la Península ibérica. El conjunto lo forman nueve lagunas dispersas entre los pinares y a varias de ellas (Navahornos y La Uña, por ejemplo) se

▼ Castillo de Fuentidueña.

puede acceder a través de un sistema de pasarelas de madera. Cuentan con una importante población de aves, incluida la cigüeña negra. Estos humedales están incluidos dentro del proyecto Trino.

Pero para no perder el rumbo que nos ha marcado el río Duratón tomamos ahora la antigua carretera de Burgos, que nos lleva hasta Fuentidueña después de pasar por Fuenterrebollo y Navalilla y dejando al este el embalse de las Vencias, utilizado para fines recreativos. **Fuentidueña** es un bonito pueblo que conserva, pese al secular expolio y abandono de sus riquezas, un aire de villa noble y antigua. En otros tiempos cabecera de condado y de la Comunidad de Villa y Tierra de su nombre, habla de la importancia que tuvo hace siglos el perímetro de sus **murallas,** aunque hoy no sirvan para protegerse ni siquiera de una tormenta.

En lo alto de la quebrada, sobre el río y arruinada, se encuentra la **iglesia de San Martín,** entre cuyos restos no puede admirarse el ábside con magníficos murales románicos, pues fue vendido en 1956 y trasladado al Museo The Cloisters de Nueva York. En el lado opuesto del altozano la **parroquia de San Miguel,** también románica aunque más respetada por el tiempo y sus inventores, merece ser contemplada por su estampa, por su cuidada **galería** y también por su interior. El paseo por la Calle Mayor, de encantadores soportales, y la plaza es obligado. A mencionar, también, el **palacio de don Pedro de Luna,** la **capilla del Pilar** –siglo XVIII– y la **casa de la Comunidad de Villa y Tierra.**

La ruta continúa hacia el norte siguiendo el curso del río Duratón. En **San Miguel de Bernuy** comienzan las hoces septentrionales del río, ya fuera del parque natural. Y también lo hace el *embalse de las Vencías.*

Si aún tenemos tiempo, vale la pena acercarse hasta la localidad de **Sacramenia,** núcleo en el que el vino y el cordero lechal son especialidades.

Sus calles esconden numerosos templos románicos conservados de forma desigual, entre los que sobresalen la **iglesia de San Miguel,** del siglo XII, y el **monasterio** cisterciense **de Santa María la Real,** cuyo claustro, refectorio y sala capitular fueron a parar a Estados Unidos en 1925, tras ser adquiridos por un potentado. En la actualidad se exhiben en una sede episcopal del sur de Miami. No obstante, merece la pena detenerse a contemplar la iglesia, que conserva una original cabecera de cinco ábsides y enormes columnas coronadas por capiteles vegetales.

....

Oficina de Turismo de Fuentidueña
Plaza de la Villa, 1.
921 533 464.
www.fuentiduena.es

....

Ayuntamiento de Sacramenia
Concejo, 15.
921 527 340.
www.sacramenia.es

Reales Sitios y Parque Nacional de la Sierra de Guadarrama

Al pie de la sierra segoviana, la del Guadarrama, existen numerosos enclaves naturales privilegiados, entre densos bosques de especies arbóreas que van variando según nos acercamos a la falda de la montaña. En esta zona el verano es más suave y agradable y la primavera y el otoño son paletas de pintor llenas de tonalidades bajo el sol rojizo del atardecer. El invierno, aun siendo muy duro, no lo es tanto para quien se acerca a disfrutar de los paisajes cubiertos por la nieve. Hace siglos algunas congregaciones de monjes aprovecharon la zona para pasar temporadas de descanso. Después fue algún caprichoso monarca el que se prendó del lugar y mandó construir palacios que todavía hoy dan fe de su increíble poder.

▼ Palacio Real de La Granja.

Nuestro próximo recorrido va a transitar por todos estos privilegiados lugares, comenzando por la villa que ha tenido una casi secular presencia de reyes pero que ha sabido mantener, a la vez, un profundo sabor popular unido íntimamente a la montaña, San Ildefonso o La Granja.

La carretera que nos lleva a **San Ildefonso** o **La Granja** es la misma que tomamos desde el Acueducto para llegar al monasterio de San Antonio el Real y que sale de la ciudad dejando al lado una plaza de toros, aunque confundida con algún resto romano por no pocos viajeros: la CL-601, en dirección al puerto de Navacerrada. Desde el principio contemplamos frente a nosotros el inmenso muro de la sierra. Resalta el pico de Peñalara, bajo el cual y a tan solo una decena de kilómetros se encuentra **La Granja.** Esta bonita villa, levantada en un marco inigualable, tiene hoy una activa vida social y cultural. La piedra y la pizarra de muchos de sus edificios protegen del frío a unos ciudadanos que se niegan a abandonar, como ocurre en muchos pueblos, tan hermoso y tranquilo lugar. Especialmente durante los veranos la animación crece en sus calles, y los vecinos que regresan de vacaciones, y los numero-

· · · · · · · ·

Oficina de Turismo Real Sitio de San Ildefonso
Plaza de los Dolores, 1.
921 473 953.
www.turismorealsitio desanildefonso.com

Palacio Real de La Granja

✉ Plaza de España.

☎ 921 473 953.

🔗 www.patrimonionacional.es

🔗 www.turismorealsitio
desanildefonso.com

🕐 De octubre a marzo, de
martes a domingo, de
10 h a 18 h. De abril a
septiembre, de 10 h a 20 h.

🎟 Entrada: 9 €.

sos madrileños que fijan aquí su segunda residencia se unen a todos los segovianos que, por una tarde, se acercan en busca de la agradable temperatura, las acogedoras terrazas y el buen ambiente.

La primera gran verja que nos encontramos, conocida como **puerta de la Reina,** lleva directamente al **palacio.** La visión que nos ofrecen antes de llegar la **cúpula** y las **torres** de la colegiata, enmarcadas majestuosamente entre las veredas de secuoyas y arces, es impresionante. La **colegiata** sufrió un incendio en 1918 en el que se perdió la mayor parte de sus motivos decorativos. Su diseño se debió a Teodoro Ardemans y su realización a Sabatini. El **altar mayor,** centrado por un lienzo de Solimena en el que figuran los santos adoptados por la Familia Real, Nuestra Señora y la Trinidad, mantiene en su construcción una total pureza de materiales con mármoles y piedras nobles. Hay un bonito **coro** tallado en madera de nogal, algunos **lienzos** interesantes en los laterales y una curiosa **tribuna** con cristalera utilizada por los infantes.

Al lado de la sacristía se encuentra el **Panteón Real** en el que descansan los restos de Felipe V, su esposa Isabel de Farnesio y, desde mayo de 1991, los de la infanta Isabel, conocida popularmente como la Chata, que fueron trasladados a este sepulcro desde París. El lugar está invadido por mármoles de colores con símbolos y referencias monárquicas. El grandioso **relieve** de estuco del *Cristo de la Victoria* es uno de los orgullos de todos los habitantes del pueblo.

El lugar en el que se levanta el **Palacio Real** fue primero una ermita y pabellón de caza mandado construir por Enrique IV, después cedido por los Reyes Católicos a los monjes jerónimos y, por último, adquirido por Felipe V. La toponimia del pueblo deriva precisamente del santo al que se consagró el templo, San Ildefonso, y del uso que los religiosos le dieron al pabellón como granja.

Las obras de este monumental palacio fueron iniciadas en 1721, bajo la dirección de Teodoro Ardemans, con quien colaboraba Juan Román, y comenzaron por el patio llamado "de la Fuente". Después, y hasta 1739, trabajaron en él Andrea Procaccini, Sempronio Subisati, Felipe Juvara, Juan Bautista Sachetti y otros. En su *exterior* contrastan los **patios de Coches** y **de la Herradura,** al norte y al sur del palacio respectivamente, severo y sobrio el primero y rico en formas y decoraciones el segundo. Pero en lo que se refiere a **fachadas** hay que destacar la **principal,** que da a los jardines, justo enfrente de la gran cascada; adornada con jarrones, tanto en los límites del jardín como en su propia cornisa, la imponente presencia del edificio, la armonía del conjunto y el equilibrio de sus partes la convierten en uno de los frontales más hermosos construidos en el siglo XVIII. El trazado de sus líneas se ve, además, aderezado por la variedad de tonalidades, que van desde el rosáceo calizo a la pizarra azulada o

PALACIO REAL DE LA GRANJA

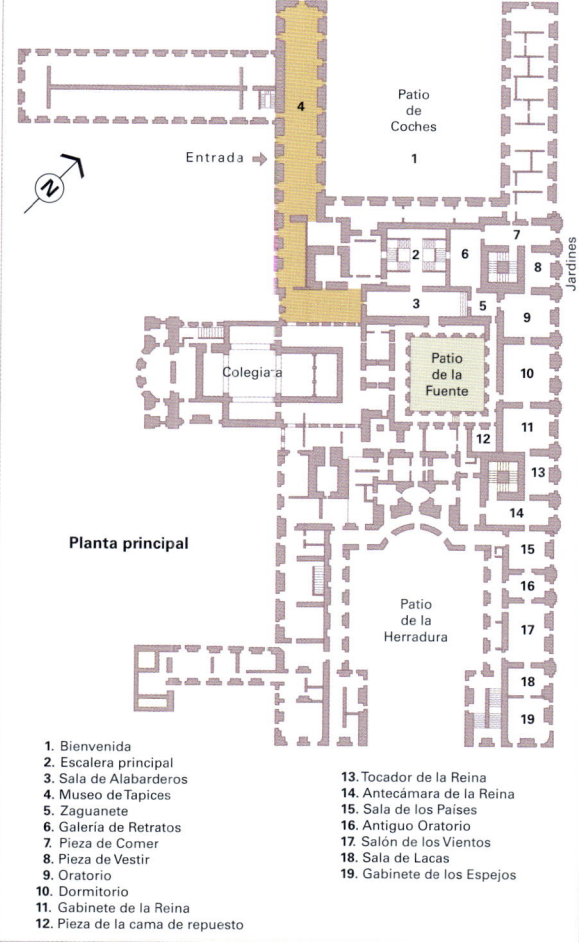

Planta principal

1. Bienvenida
2. Escalera principal
3. Sala de Alabarderos
4. Museo de Tapices
5. Zaguanete
6. Galería de Retratos
7. Pieza de Comer
8. Pieza de Vestir
9. Oratorio
10. Dormitorio
11. Gabinete de la Reina
12. Pieza de la cama de repuesto
13. Tocador de la Reina
14. Antecámara de la Reina
15. Sala de los Países
16. Antiguo Oratorio
17. Salón de los Vientos
18. Sala de Lacas
19. Gabinete de los Espejos

el blanco marmóreo, todos ellos enmarcados en el arco iris de los jardines.

La visita al *interior,* que sufrió un incendio en 1918 quedando muy desfigurado, guarda algunos momentos emocionantes: la **galería de las Estatuas,** así llamada por albergar en otros tiempos una valiosa colección escultórica, cuenta con una interesante decoración en su techo, debida a Bartolomé Ruscha, que nos acerca al mundo de la mitología, omnipresente en todo el recorrido; la **sala de la Fuente** tiene tres salidas al jardín, con bonitas puertas de madera noble, una fuentecita de piedra y, en la bóveda, el *Rapto de Proserpina*. El **salón de los Mármoles** conserva columnas y pilastras de mármol de Espeja, un fresco del *Rapto de Europa* sobre nuestras cabezas y una profusa decoración de bustos, espejos y jarrones. En el resto de la planta podemos observar numerosos ejemplos de las riquezas del palacio, destacando un lienzo del infante don Felipe, de Jean Ranc, dos cuadros sobre la Adoración de los Magos y los pastores, una colección de lienzos que representan a los sentidos corporales y una hermosa estatua de la *Fe velada*.

En la **planta principal** se repiten los ricos suelos de mármol, valiosos lienzos y muebles estilo imperio, con techos que muestran frescos de Sanni, Saxo y Fideli, si bien algunos de los más interesantes fueron destruidos en el incendio de 1918. Destaca en esta planta la **galería de Retratos,** con un amplio y ostentosamente enmarcado retrato de Carlos III, realizado por Molinaretto, y otro de la familia de Felipe V, copiado del original, obra de Van Loo, que se halla en el Prado. También hay muebles y tapices de interés.

En el **salón del Trono,** que tiene la vista más sobrecogedora de los jardines, han tenido lugar numerosas celebraciones de la familia real desde que se convirtiera en gabinete oficial en tiempos de Carlos IV, ya que anteriormente había dado techo a los reales sueños de Felipe V e Isabel de Farnesio. La estancia está decorada con un **trono** que lleva la efigie de Alfonso XII, monarca al que perteneció. Además del **dosel** bordado en oro y plata hay dos **tapices** flamencos del siglo XVII y dos enormes **lámparas** de cristal y bronce. Es de destacar el **enlosado** de mármol, con gran variedad de dibujos geométricos.

En la misma planta se encuentra el **gabinete de Espejos,** que guarda un bonito **piano** de cola, inglés del siglo XIX, bajo una bellísima araña realizada en la Real Fábrica de Cristales; y el **salón de Lacas,** con

► Cuando ponen a funcionar las fuentes de los jardines de palacio, el espectáculo es magnífico.

mobiliario y decoración de arte oriental que dan un aire de exotismo a la pieza, aliviado por los cuatro **lienzos** sobre Jesús en Jerusalén que adornan sus paredes, realizados por Paolo Panini. Una enorme sala, en cuyo centro destaca una gran mesa ovalada, hacía las veces de **comedor de gala,** como anuncian los bodegones flamencos del siglo XVII que adornan sus paredes, sin duda con la intención de despertar el apetito a quienes no les bastaba la visión de los manjares de la cocina real. Para animar la sala también se dispusieron relojes franceses, espejos de la Real Fábrica, fuentes y jarrones. La serie de salones que siguen, en uno de los cuales se muestra la obra de Van Dick, *Mujer velando el sueño de un niño,* recibe el nombre del color de las paredes y, contiguo a la pieza que guarda el oratorio de campaña de Felipe V, se encuentra el **dormitorio de la reina.** Penetramos en la regia intimidad, donde tan solo parece recargado el boato de una cama de madera de palisandro, procedente del enorme árbol americano llamado jacarandá, en la que descansaba la mujer de Fernando VI, Bárbara de Braganza.

El **Museo de Tapices,** inaugurado a mediados del siglo XX e instalado en algunas de las salas más dañadas por el incendio, reúne valiosas muestras del arte flamenco. Son especialmente llamativas las series sobre *La fundación de Roma*, la de *Los Honores* o *La Fortuna*, *La creación del hombre*, *Los trabajos de Hércules*, *El Apocalipsis* o *Los triunfos de Petrarca*. La impecable utilización de hilos de oro, plata o seda y lanas de múltiples colores, su expresividad y su fuerza sugestiva hablan por sí mismas de la calidad artística de autores como Leyniers, Van Thiegen, Van Alest, Pannemaker, Fobert o Vervoert.

Después de contemplar tanta suntuosidad y lujo en la impresionante decoración tanto interior como exterior del Palacio Real, salimos a sus **jardines** dispuestos a dejarnos llevar por la imaginación y la fascinación de una creación humana a caballo entre la arquitectura y la agreste naturaleza, una comunión creativa que, quizás, no haya dado en la historia tan fecundos frutos como en la época de la Ilustración. Las veredas cubiertas del follaje de variadas y frondosas especies arbóreas, los parterres laberínticos rematados por flores multicolores, y las increíbles fuentes de sugerentes motivos mitológicos completan un conjunto que transpira sosiego, armonía y belleza. Un mundo creado para privilegiados que todos podemos ahora disfrutar en las tranquilas tardes otoñales, cuando el sol en-

▼ Diferentes esculturas que se encuentran en la Fuente de la Fama de los jardines de La Granja.

▲ Jardines del palacio de La Granja.

ciende en llamas de infinitas tonalidades las hojas de los robles, castaños, tilos, álamos, abedules y arces, y en los escasos días en los que la explosión del conjunto se produce gracias a la aparición del agua en unos inverosímiles surtidores que casi alcanzan, entre destellos, el mismo cielo. La planificación de los jardines (146 ha), concebida a la manera ornamental, amplia y sensual del Versalles galo y superándola en algunos momentos, se debe al francés René Carlier. La preparación del terreno y la adaptación de los juegos de agua, al ingeniero Marchand. A partir de 1722 fue Esteban Boutelon quien se hizo cargo de la dirección de las obras, mientras que la labor escultórica en plomo fundido y mármol de los centenares de estatuas y jarrones proporcionó trabajo a varios equipos de escultores, entre los que destacan Jacques Bousseau, Antoine y Hubert Dumandré, René Fremin, Pierre Pitué y Jean Thierry.

Junto al patio de Coches, en el ala norte del palacio que cuenta con un mirador para su mejor observación, se encuentra la **Explanada** y la **fuente de la Selva,** un monumental conjunto que representa a Vertumno despojándose de su disfraz de anciano bajo una alegoría de los ríos Duero y Pisuerga, todo ello enmarcado en una plaza cuyas esquinas están ocupadas por figuras de silenos y bacantes. La **Carrera de Caballos** es como un río de continuas cascadas que cruza el jardín de arriba abajo, adornándose con diversos grupos escultóricos, desde la liberación de Perseo por Andrómeda hasta la **fuente**

del Caracol, pasando por las bellísimas **de Apolo** y **Neptuno** y la **del Abanico.** Paralela a esta corre, justo enfrente de la fachada principal del palacio, la **Gran Cascada,** que cuenta con doce estanques escalonados, realizados en gran variedad de mármoles y flanqueados por representaciones alegóricas de los continentes y las estaciones del año. En lo más alto se alza otro bello conjunto, el de **Las Tres Gracias,** al lado de un galante templete conocido como el **Cenador.**

Desde el ala contraria del palacio salen el **Parterre** y la **fuente de la Fama,** con el caballo Pegaso resurgiendo de las aguas sobre un islote de figuras que se deslizan junto a la Fama. Es famosa por la potencia de su trompeta, que eleva el chorro de agua hasta los 40 m de altura, haciéndola visible desde varios kilómetros de distancia. Al final de esa avenida está la **fuente de los Baños de Diana,** una de las más conseguidas y última en construirse, con una arquitectura vertical salpicada de pequeñas conchas y cascadas, entre las que destaca la figura de Acteón asido a su flauta mientras contempla el espectáculo de la diosa y sus ninfas chapoteando en el agua. Esta fuente fue elegida para servir de escenario a algunas representaciones de los desaparecidos Festivales Internacionales de Segovia, organizados por la Fundación Juan de Borbón, alcanzando, sobre todo con la interpretación de la Música Acuática de Haendel, momentos de enorme emoción.

Si continuamos hacia arriba alcanzamos las **fuentes de las Ranas, el Canastillo** y la **plaza de las Ocho Calles,** que dispone del mismo número de fuentes ordenadas en su derredor y centrada por las figuras de Pandora y Mercurio. En sus laterales una serie de estatuas representa a Saturno, Minerva, Hércules, Ceres, Neptuno, la Victoria, Marte y Cibeles.

En la parte más alta de los jardines se encuentra el **estanque** artificial, conocido como "el Mar", que abastece de agua a las sedientas fuentes.

El lugar, un auténtico remanso en el que hubo góndolas reales, transpira la misma serenidad que el resto del conjunto. Es sitio para el paseo lento, el disfrute relajado, para llenar los ojos y la mente de la belleza que nos rodea, olvidando ese aparato inventado en otro mundo distinto, menos amable, que es el reloj. La belleza y monumentalidad del palacio y los jardines eclipsa casi por completo el resto del pueblo, pero es de justicia mencionar algunos edificios y centros culturales. Anejos al palacio se construyeron algunos inmuebles destinados a alber-

▼ Real Fábrica de Vidrios de La Granja.

gar a la enorme servidumbre precisada por la familia real así como a otros servicios y dependencias palaciegas. Así, las **Reales Caballerizas,** la **Casa de los Infantes,** edificada en 1770, que actualmente alberga el **Parador de Turismo** y el **Cuartel General de la Guardia de Corps,** construido en 1762, sede del moderno **Centro de Congresos y Convenciones** del Parador, exclusivo escenario con dieciséis salas de reuniones. Todo ello junto con la **Casa de los Oficios,** conforman un entramado urbanístico de una calidad en consonancia con el alto fin para el que fueron creados. En lo que se refiere a edificios religiosos cabe destacar las **iglesias de Nuestra Señora de los Dolores,** templo construido a mediados del siglo XVIII que guarda en su retablo una imagen de la Dolorosa realizada por Salvador Carmona, y la **de Nuestra Señora del Rosario,** con alguna pieza del mismo artista, levantada por iniciativa de Isabel de Farnesio.

Fuera del recinto del Real Sitio se halla el enorme edificio de la **Real Fábrica de Cristales,** mandada construir por Felipe V y fundada en 1746. El ingenio para obtener auténtico cristal fue conocido en su época y realizó algunas piezas de gran valor, hoy repartidas en innumerables colecciones. El edificio alberga en la actualidad la **Fundación Centro Nacional de Vidrio,** que no solo se ha ocupado de la restauración de la fábrica sino también de conservar la tradición vidriera, y el **Museo Tecnológico del Vidrio.** El visitante podrá contemplar los trabajos de los maestros en vivo, así como la maquinaria y los hornos que se utilizan para la fabricación del vidrio. En La Granja se ha señalizado el *camino del vidrio,* que permite recorrer los principales edificios relacionados con el proceso de creación de este material. Puedes concluir tu visita a La Granja en el **Pozo de Nieve.** Fue construido en 1736 y abastecía de nieve al Real Sitio, entonces en construcción. Se ha rehabilitado como **Centro de Interpretación** y espacio para exposiciones.

En la misma rotonda del embalse del Pontón Alto (CL-601) nace la carretera del Robledo, una secundaria que deja a un lado el pantano y la granja escuela Puerta del Campo para acceder, primero, a **Revenga,** y después al **palacio de Riofrío.** Antes de llegar tendremos la ocasión de disfrutar de la alegre presencia de los rebaños de gamos que campan por las dehesas con la tranquilidad que les permite una férrea protección y que nos otorga la posibilidad de observarles desde cerca, aunque siempre desde el interior del coche.

. . . .

Real Fábrica de Cristales de La Granja
- ✉ Paseo Pocillo, 1.
- ☎ 921 010 700.
- 🖰 www.realfabricade cristales.es
- 🕐 De octubre a marzo, de martes a viernes y domingo, de 10 h a 15 h; sábado de 9.30 h a 18 h. De abril a septiembre, de martes a viernes, de 9 h a 18 h; sábado de 9 h a 15 h; domingo de 9 h a 15 h.
- 🎫 Entrada: 6 €.

. . . .

Centro de Interpretación de las Construcciones Tradicionales de los Pozos de Nieve
- ✉ Barrio Pozo de la Nieve, s/n.
- ☎ 921 473 953.
- 🖰 www.turismorealsitiode sanildefonso.com

. . . .

Palacio Real de Riofrío
- ✉ Bosque de Riofrío, s/n. Navas de Riofrío.
- ☎ 91 454 88 03.
- 🖰 www.patrimonionacional.es
- 🕐 Palacio: de martes a domingo de 10 h a 19 h. Bosque de Riofrío: del 1 de mayo al 15 de agosto de 8 h a 21 h; el resto del año hasta la puesta de sol.
- 🎫 Entrada general: 4 €. Acceso gratuito miércoles y domingo de 15 h a 19 h.

▲ Palacio de Riofrío.

El palacio, de claras influencias italianas, fue mandado construir en 1752 por Isabel de Farnesio, la segunda esposa de Felipe V, que temía quedar apartada del palacio y los jardines de La Granja por su hijastro Fernando VI. En 1759, tras la muerte de este, fue llamada a ejercer la Regencia, por lo que su proyecto quedó inconcluso. Salvo la breve estancia de Alfonso XII en el verano de 1878, que eligió este lugar como retiro al morir su esposa María Mercedes, no ha sido utilizado más que como pabellón de caza.

El edificio es un enorme cuadrado de gran simetría decorativa y de un romántico color rosáceo. Su **fachada,** de grandes y proporcionadas ventanas y balconadas, apenas rompe el orden con una portada en arco de medio punto, presidida por un gran escudo que lleva las armas reales y las flores de lis de los Farnesio, a cuyos lados se despliega una balaustrada de granito adornada con jarrones. La fachada que da al amplio y cuadrado patio cuenta con una sólida arquería en la planta baja y una curiosa terraza en la alta.

El ***interior*** del palacio se abre con una ostentosa escalera imperial, dividida en dos tramos y adornada con esculturas mitológicas. En la ***planta superior*** se encuentran diversas estancias que guardan cuadros, muebles y recuerdos de la familia real. Destacan la serie de 150 **pinturas** sobre la vida de Cristo realizadas por un desconocido autor italiano del XVIII y los lienzos de Miguel Ángel Houasse, Giacomo Pavia o Lucas Jordán.

El **Museo de Caza,** instalado en un grupo de salas del palacio, reconstruye algunas escenas ci-

Se puede aprender a respetar la naturaleza: Valsaín es el lugar

A escasos kilómetros de La Granja, en los montes de Valsaín, se encuentra el Centro Nacional de Educación Ambiental (Ceneam). Fundado en 1987, el centro tiene como objetivo principal la educación de los ciudadanos en el respeto al medioambiente y el uso responsable de los recursos. El edificio consta de varias salas de exposiciones, centro de documentación, centro de información y unas cabañas en las que se han habilitado varias aulas, dormitorios y un comedor. Además de ofrecer cursos, programas didácticos sobre medioambiente y rutas interpretativas de la zona, alberga diversas exposiciones temporales (telf. 921 471 711).

En los montes de Valsaín crece uno de los mejores ejemplares de pino silvestre de España, inconfundible por su tronco recto (lo que permite un buen aprovechamiento de la madera) y requerido en el pasado por la corona y la nobleza para la construcción de muchos monumentos. En la actualidad son comercializados con la marca registrada "Madera de Valsaín" y su explotación se gestiona de forma rigurosa y sostenible. Junto al pino y al roble podremos observar otras numerosas especies arbóreas como encinas, tejos, avellanos, acebos, chopos y arbustos como piornos, brezos, retamas o cambroños. El área de los montes de Valsaín y El Espinar, con una superficie aproximada de 35.414 hectáreas, fue declarada en 2013 Reserva de la Biosfera por la Unesco. Incluida también dentro del territorio del Parque Nacional del Guadarrama, en el paraje de la Boca del Asno se encuentra uno de los Centros de Visitantes (telf. 921 120 013).

negéticas, tan apetecidas por reyes y gobernantes, representadas mediante montajes que muestran cazadores y armas de todas las épocas, además de conjuntos realizados con animales disecados de aspecto triste y añejo.

En el lado norte del patio encontramos la **capilla** de planta elíptica, enlosada con mármoles de colores, que guarda un lienzo del siglo XVIII con la Virgen y San Francisco de Asís, situado en el lugar que ocupó un retablo neoclásico regalado por Carlos III a la catedral de Segovia, donde actualmente se encuentra. En el camino de vuelta nos despedimos de esta espléndida y enorme finca que sirve de reducto a algunas especies que han sabido aprovechar la providencial ausencia de los seres humanos.

Por la misma carretera que nos llevó a La Granja continuamos ahora en dirección al *puerto de Navacerrada*. Entre robles y pinos llegamos a una típica localidad serrana, entregada tradicionalmente al aprovechamiento del soberbio pinar que lleva su nombre, **Valsaín.** Llamado por los romanos *Vallis Sabinorum*, es sitio real desde que Enrique III

▲ Paraje de Boca del Asno.

Centro Nacional de Educación Ambiental (Ceneam)
☎ 921 473 882.
🏠 www.miteco.gob.es

decidiera utilizarlo para sus días de descanso. En el lugar donde se levantara un pabellón de caza, siglos después Felipe II construyó un **palacio** de estilo herreriano en el que vio la primera luz su hija, la infanta Isabel Clara Eugenia, y que, tras sufrir la competencia del de San Ildefonso y un incendio en 1682, quedó abocado a la ruina que es hoy.

El pueblo, encantador, en mitad de la verde pradera cruzada por el río que a partir de aquí recibirá el nombre de Eresma, tiene en sus afueras y al borde del bosque el gran aserradero que gestiona el Patrimonio del Estado, al igual que el pinar, y un edificio construido para albergar el **Centro Nacional de Educación Ambiental, Ceneam**, donde puede comprenderse mejor el funcionamiento de nuestro planeta y, de paso, aprender a respetarlo.

Un buen ejemplo de la naturaleza agreste, cuya conservación en este estado depende de quienes lo visitan, sobre todo los fines de semana, son dos parajes que encontramos en dirección al puerto: el primero, la *Boca del Asno,* encierra uno de los más bellos y escabrosos tramos del río Valsaín, con encrespadas rocas que hacen saltar el agua convirtiéndola en espuma. El otro, conocido como los *Asientos,* es el más maltratado por la masiva afluencia de visitantes. Sin embargo, entre semana, olvidado el ajetreo de coches, se convierte en una hermosa pradera donde con frecuencia se ven pasar aldeanos acarreando la leña que les proporcionará calor en el duro invierno.

La carretera, que aumenta progresivamente su inclinación entre impresionantes ejemplares del característico pino albar que en ocasiones alcanza los 30 m de altura, nos ofrece momentos de gran belleza cuando los rayos del sol consiguen atravesar las elevadas copas. Tras las retorcidas curvas que reciben el nombre de las Siete Revueltas llegamos a lo alto del **puerto de Navacerrada** que, junto a la cercana estación de Valdesquí, es centro de atracción para los amantes del deporte blanco. Al borde de la provincia de Madrid podemos observar, hacia el sur, las crestas de Siete Picos; encima de nosotros, la Bola del Mundo, con su repetidor de televisión; hacia el norte, Peñalara y Dos Hermanas y, en la lejanía, Malagosto.

La carretera que cruzamos en el camino a Riofrío pasaba junto a **Revenga,** localidad que desde hace años ha retenido el agua para el abastecimiento de los segovianos en un hermoso pantano. En dirección a Madrid, y 20 km después de pasar por debajo de la Mujer Muerta, montaña así llamada por su sugerente contorno, llegamos a **San Rafael,** pueblo serrano de desarrollo lineal. Al mismo pie del alto del León o puerto de Guadarrama, e incluso antes de que terminen las rampas, comienzan a surgir, diseminadas entre los pinos, numerosas villas y palacetes construidos por adinerados capitalinos y hoy habitados casi exclusivamente en la época estival. Esta villa fronteriza entre Madrid y Segovia, de la que parten los dos túneles que atraviesan el macizo del Guadarrama, nació a partir de una posada instalada en el camino real que unía la corte con la vieja Castilla. Desde entonces ha pertenecido al municipio de la vecina localidad de El Espinar, de la que le separa un hermoso pinar.

El Espinar también cobra vida de los veraneantes que acuden atraídos por la belleza de su entorno y, sobre todo, por el agradable clima veraniego. Su arbolada **Plaza Mayor** es, en verano, un lugar entrañable para charlar y merendar en alguna de sus terrazas. Ciudad con vocación montañera, muchos de sus habitantes viven, directa o indirectamente, de la madera de sus pinares, material este utilizado con frecuencia en la construcción de sus casas junto al poderoso granito. La pieza arquitectónica más valiosa es la **iglesia** que rinde culto al patrono de la villa, San Eutropio, y fue construida en 1572 por Juan de Mijares, en el lugar que ocupaba otra anterior destruida por un incendio. Conserva un **retablo** dedicado al santo y realizado por Francisco Giralte, que cuenta con diez interesantes tablas y una curiosa sarga que lo ocultaba en Cuaresma.

▲ Senderistas en el pinar de Valsaín.

Ruta del Mudéjar

Este recorrido es uno de los más interesantes desde el punto de vista cultural y paisajístico, pues nos permite conocer los mejores ejemplares de arquitectura mudéjar segoviana y al mismo tiempo obtener una excelente visión de buena parte de los ecosistemas que ofrece la provincia. El itinerario nos lleva hasta la meseta cerealista que se extiende a los pies de pueblos como Turégano, pasando por la verde y frondosa Tierra de Pinares, en el entorno de Cuéllar, para terminar en la bella campiña segoviana, presidida por el recoleto pueblo de Santa María la Real de Nieva.

Salimos de Segovia por la autovía de Valladolid (A 601) y tomamos un primer desvío de nuestro itinerario por la CL 603 en dirección a Turégano. A nuestra izquierda dejamos **Cantimpalos,** célebre por sus chacinas, y muy cerca queda **Cabañas de Polendos,** donde abre el **Centro de Artesanía Las Caravas**. Tras cruzar el río Pirón y su frondosa ribe-

Centro de Artesanía Las Caravas
✉ Pl. Caravas, s/n. Cabañas de Polendo.
🏠 https://lascaravas. blogspot.com.es
🕐 Más de doce talleres de artesanía de diferentes oficios que abre sus puertas al público los primeros fines de semana de cada mes y fechas señaladas.

ra de chopos ya se empieza a d visar desde algún altozano lo que en la lejanía parece una enorme espadaña. Otro desvío conduce hasta **Otones de Benjumea,** con dos museos: el etnográfico y el de la escuela rural.

La entrada a **Turégano,** entre moderno caserío, tiene la primera sorpresa nada más alcanzar su **Plaza Mayor**. Su cuidado aspecto medieval con soportales irregulares y una noble arquería de fondo está sometido al imponente **castillo**. El lugar, alto y visible desde cualquier punto del pueblo, parece idóneo para la ubicación de un templo; y es que la fortaleza fue levantada precisamente alrededor de una **iglesia** románica anterior, del siglo XII, que aún se conserva. Dedicada a San Miguel, el arcángel armado, fue curiosamente un beligerante obispo, Juan Arias Dávila, quien construyó el castillo que hoy vemos para defenderse de Enrique IV, con el que había tenido la osadía de enfrentarse.

El edificio, un gran bloque cúbico, tiene una **muralla** exterior almenada con torreones. Algunos de sus lienzos y torretas, restos entremezclados de su antigua historia que comienza con un castro ibérico, se desparraman derruidos por la ladera que llega

········

**Museo etnográfico
y Museo pedagógico
La Última Escuela**
✉ Sol, 7. Otones de Benjumea.
☎ 921 434 750 / 921 501 038.
🖥 www.otones.net
🕐 Cualquier día previa
    concertación.

········

Castillo de Turégano
☎ 634 460 215.
🖥 www.turegano.es

◀ Castillo de Turégano.

Museo Forestal de Turégano
- ☏ 921 500 000.
- 🌐 www.turegano.es

**Aula Arqueológica
de Aguilafuente**
- ✉ Iglesia de San Juan Bautista (Aguilafuente).
- ☏ 605 842 481/ 921 572 038.
- 🕐 Sábado, domingo y festivos, de 11 a 13 h y de 17 a 19 h.
- 🎟 Entrada: 3 €.

Museo Florentino Trapero
- ✉ Plaza Mayor del Sínodo, 1. Aguilafuente.
- ☏ 921 572 038, 605 842 481.
- 🌐 https://museoflorentino trapero.wordpress.com
- 🕐 Concertar visita en el Aula Arqueológica.
- 🎟 Entrada: 2,50 €.

hasta el mismo pueblo. Iglesia, castillo, cárcel y hasta diócesis han sido las funciones dadas a este monumento tantas veces retocado que, como afirma un cronista de la villa, "donde esperamos encontrar un patio de armas encontramos un cementerio". Desde lo alto de su terraza, por encima incluso de esa gran **espadaña** de tres picos que viéramos desde la lejanía, puede contemplarse toda Castilla, si el viento nos lo permite. No en vano, el cerro sobre el que se levanta recibe el nombre de Altozano.

Antes de llegar a la plaza dejamos a nuestra izquierda un apacible rincón, refrescado por el abundante chorro de grueso caño. La **plazuela de Santiago** recibe el nombre de la **iglesia** que ocupa su mayor parte, única que resiste en pie de las nueve que llegó a tener la villa. El templo, reconstruido y restaurado, conserva un **ábside** románico y, en su interior, un **retablo** barroco con las imágenes de San Pedro y San Pablo. Si al viajero le interesan los oficios tradicionales en torno a la explotación de los pinares puede visitar el **Museo Forestal,** situado en la antigua Casa del Ingeniero, a las afueras de la villa.

A 12 km de Turégano en dirección noroeste por la SG 222, camino por el que empiezan a proliferar los pinares, se alcanza **Aguilafuente,** en cuyos alrededores se han encontrado los restos de una **villa romana** del siglo IV d. C, **Santa Lucía,** así como una necrópolis visigoda de los siglos VI y VII. Los mosaicos, pinturas y objetos descubiertos en las excavaciones se encuentran depositados en el **Aula Arqueológica,** un interesante centro de interpretación habilitado en las dependencias de la **iglesia** románica **de San Juan Bautista,** que permite conocer a través de réplicas y proyecciones audiovisuales la organización de las villas rústicas del mundo romano bajoimperial.

En la Plaza Mayor del pueblo merece la pena visitar la **iglesia** parroquial **de Santa María,** templo originario del siglo XII cuya nave central está rematada por un bello ábside, considerado uno de los mejores ejemplares del románico mudéjar segoviano. También se puede conocer la obra de Florentino Trapero, artista local, en el **museo** habilitado en los bajos del Ayuntamiento.

De camino a **Fuentepelayo** nos salen al paso diversas cooperativas de grano y granjas de cerdos, pilar de la economía de la zona. Es conveniente adentrarse en el pueblo para visitar la **iglesia** parroquial **de Santa María,** que cuenta con una hermosa **portada** gótico flamígera (antaño portada de la primitiva catedral de Segovia), aunque el ábside, la torre y la portada de ladrillo son románicos. La bella **plaza** en la que se ubica es de estilo castellano y está muy bien conservada. Unas calles más allá se localiza la **iglesia del Salvador,** en cuyo interior sobresale un bello artesonado mudéjar.

Aunque nuestro itinerario se dirige a Cuéllar, podemos realizar un pequeño desvío para conocer **Carbonero el Mayor,** localidad industriosa y artesana, célebre por sus trabajos en cuero, los bordados de punto segoviano y la fábrica artesanal de dulzainas con madera de ébano, boj y encina, entre otras. En el caserío, situado en una ligera elevación, sobresale el **palacio del Sello,** del siglo XV y estilo isabelino, y la **iglesia de San Juan Bautista,** fechada en el siglo XIII, de estilo románico mudéjar aunque reformada entre los siglos XV y XVIII. En su interior existe uno de los mejores **retablos** flamenco renacentista de toda la provincia: 21 tablas con escenas evangélicas y de martirios de santos pintadas por Baltasar Grande y Diego Rosales en 1554. La obra se inserta entre pilastras, frisos y adornos de madera finamente tallados de estilo plateresco.

Un desvío de 10 km nos conduce hasta **Bernardos:** el **yacimiento del Cerro del Castillo** muestra una muralla tardorromana (siglo V d. C.).

Luego se retoma el camino abandonado para atravesar Pinarejos, Sanchonuño y llegar a **Cuéllar,** tras cruzar el río Cega junto a los corrales que llevan el nombre del cauce, donde pernoctan los toros que deberán participar en los famosos encierros. En la misma entrada a la ciudad se halla, a nuestra izquierda, el **convento de Santa Clara,** mandado construir por los duques de Alburquerque, que conserva una elegante **portada** renacentista. Enfrente, al otro lado de la dehesa, se encuentran Lovingos, Olombrada, Frumales y otros pueblos regados por los manantiales del Cega.

Es Cuéllar la segunda población segoviana después de la capital. Arcaico asentamiento humano, fue, en la Edad Media, pretendida por nobles y reyes. Hoy, industriosa y cerealera, ha sido cuna de importantes descubridores y aventureros. Elevada en lo alto de una meseta, entre colinas como indica su topónimo, su caserío se desliza por la adera de torreones, arcos, iglesias y blancuecinas fachadas.

En lo alto, el **castillo** domina no solo la urbe sino también lejanos alrededores. Fue construido en pleno siglo XV por el primer duque de Alburquerque, Beltrán de nombre, al que debió Juana I de Castilla su acusador apodo de "la Beltraneja". De planta cua-

▲ Iglesia de Santa María, en Aguilafuente.

········

🛈 **Oficina de Turismo de Cuéllar**
✉ Palacio, s/n. Castillo de Cuéllar.
☎ 921 142 203.
🖥 www.cuellar.es

🛈 **Punto de Información Turística del Centro Tenerías**
✉ Concepción, s/n. Cuéllar.
☎ 921 142 001.
🕐 Horario de verano: de miércoles a domingo, de 17.30 h a 21 h; en invierno de 18 h a 20 h.

drada y mezcla de estilos, gótico y renacentista, alcanza notable altura a base de una cuidada sillería, mostrando en el lienzo sur una airosa **galería** volada renacentista que le da aspecto palaciego. Sus esquinas están rematadas por torreones, tres de ellos cilíndricos y el cuarto cúbico y rematado con garitón y portada mudéjar.

En su *interior* sobresale el impresionante **patio de armas,** dispuesto en torno a una original galería frontal de dos pisos con nueve arcos rebajados profusamente adornados en estilo renacentista. Otros elementos notables son la espaciosa escalera, las estancias con estucados platerescos

▲ Castillo de Cuéllar.

en los techos y diversas salas provistas de bóvedas nervadas. El edificio, tras ser utilizado como prisión y después de años de abandono, sirve en la actualidad para alojar la **Oficina de Turismo** y un centro de formación profesional comarcal. Se ofrece además la opción de hacer una visita teatralizada a sus bodegas y al llamado **torreón de la Memoria,** donde los fines de semana una serie de personajes que vivieron en el castillo relatan su historia a los visitantes.

Enfrente del castillo encontramos la primera de las puertas de la **muralla,** también visitable, que tiene dos perímetros; el primero cierra el recinto de la ciudadela y se culmina con el arco de Santiago y la iglesia de San Esteban; conserva este primer perímetro los arcos de San Basilio, San Martín y el de los Judíos. El segundo continúa hacia abajo, hasta abarcar el resto de la antigua ciudad, sellándose en San Pedro. De los cuatro arcos que tuvo tan solo conserva el de San Andrés, habiéndose perdido los de Santa Marina, San Pedro y Carchena.

A escasos metros del poderoso **arco de San Basilio,** ya extramuros de la ciudad, se levanta la **iglesia de San Andrés,** del siglo XII, que conserva una de las plantas más perfectas del arte mudéjar. La nave central y dos laterales rematan en un triple ábside de arquerías y casetones de ladrillo, y en el interior alberga un interesante **Calvario** románico y pinturas mudéjares en los ábsides.

La vertiente intramuros de San Basilio mira hacia la **iglesia** mudéjar **de San Martín,** donde está instalado **Centro de Interpretación del Arte Mudéjar.** A través de la música, la imagen y la palabra el visitante podrá acercarse al arte mudéjar y comprender las formas de vida de aquella sociedad multicultural que convivió en la ciudad a lo largo del siglo XII. A la altura de la **puerta de la Judería,** en la plaza de San Gil, hay varias **casas nobles** con sus escudos heráldicos que en Cuéllar abundan por doquier. Al lado está el antiguo **Estudio de Gramáticos.** Bajando por el arco de San Martín se llega a la Panera y **casa del duque de Alburquerque** y, algo más arriba, se encuentran los restos de lo que fue la iglesia de Santiago.

En la calle del Estudio se levanta la **iglesia de San Esteban,** una de las más bellas y originales de la villa.

▲ Una de las puertas de la muralla de Cuéllar.

• • • • • • • •

Centro de Interpretación del Arte Mudéjar
✉ Iglesia de San Martín. Palacio, s/n.
☎ 921 142 203.
🌐 www.cuellar.es

Su **ábside**, que fue también pieza clave de la muralla, se parte en dos cuerpos diferentes y adosados; el último, enorme, tiene forma poligonal con dos pisos de arcos ciegos y otros tres con adornos geométricos. Dentro, en el presbiterio, lucen a cada lado dos **sepulcros** mudéjares de abundante ornamentación y el mismo número de **retablos** del siglo XVI.

En la plaza del Mercado del Pan tenemos a un lado, en la calle del mismo nombre, el **hospital de la Magdalena**, construido en el siglo XVI, con una hermosa fachada.

Siguiendo hacia el centro de la villa se puede ver el **palacio de Pedro I el Cruel**, que aunque en avanzado estado de deterioro aún conserva una sugerente portada románica.

En la irregular **Plaza Mayor**, además del **Ayuntamiento**, que guarda en sus dependencias un valioso díptico gótico de Juan Fernández, se alza la **iglesia** parroquial **de San Miguel**, que a pesar de su escaso atractivo exterior alberga una gran riqueza artística. Sobresalen la *Virgen del Rosario,* obra del flamenco Pedro de Bolduque, del siglo XVI, y un *Calvario* barroco. Detrás de la Casa Consistorial puede observarse la vieja **cárcel** de estilo renacentista.

Unos metros más abajo se encuentra el antiguo **palacio de Santa Cruz**, también conocido como Casa de los Bazanes, levantado en el siglo XVII, que constituye una buena muestra de la arquitectura civil mudéjar.

▲ Iglesia de Santa María de la Cuesta, en Cuéllar.

Desde la esquina opuesta de la Plaza Mayor bajan, empinadas, las calles de Santa Marina y San Pedro. En la primera observamos la **torre** de la iglesia de Santa Marina, único resto del templo construido en el siglo XIII y, abajo, una hermosa y recoleta placita dedicada a la misma santa, centrada con una **fuente** gótica de influencias renacentistas. En la de San Pedro, enfrente a la calle Carchena, está la **casa de los Daza**, una mansión señorial en cuya portada se aprecia el escudo con las armas de esta poderosa familia cuellarana que contó entre sus hijos a varios regidores de la Comunidad de Villa y Tierra. Más abajo, otro edifico noble, la antigua **casa de los Rojas**, perteneció a esta influyente estirpe. Al llegar a la confluencia con la calle Parras vemos el **ábside** gótico de piedra de la **iglesia de San Pedro**, que formó parte de la muralla junto a la ya inexistente puerta del mismo nombre.

Podemos ahora cruzar hasta la angosta calle de la Concepción para acercarnos a la plaza e **iglesia de Santo Tomé**. El templo actual es gótico aunque con restos del mudejarismo; en la capilla se guarda

La industria pañera segoviana

No se entiende el esplendor que tuvo Segovia sin la industria pañera. Los tejidos fabricados en la ciudad fueron codiciados en los siglos XVI y XVII como los mejores del reino:

Montera de paño fino,
paño fino de Segovia,
no la lleves al molino
que se te enharina toda.

Alcanzó en esta época lo que hoy conocemos como mayor índice industrial de España a través de sus fábricas de tejidos que tenían en la lana la materia prima.

Cardadores, estiradores, tintoreros, hilanderas, tejedores y bataneros eran algunos de los oficios ligados a esta industria, de la que hoy día no quedan más que restos de los ranchos de esquileos en el piedemonte de la sierra, los secaderos de lana, perceptibles en la zona alta de algunas viviendas que pertenecieron a acaudalados industriales y los nombres que todavía registran las calles de la capital segoviana, puestos en homenaje a estos oficios agrupados en gremios.

De todo aquel esplendor solo queda una iniciativa en funcionamiento: se trata de Àbbate (telf. 921 062 063, www.abbatte.com), una empresa ubicada en Collado Hermoso (junto a las ruinas del monasterio cisterciense de Santa María de la Sierra).

una preciosa **imagen** gótica del siglo XIV de Nuestra Señora del Rosario quien, según afirmaba una piedra en el exterior, se apareció en un lavadero situado junto al templo, que desapareció a principios del siglo XX. Cruzando con cuidado la que fuera carretera general alcanzamos la plaza y parque de San Francisco. El amplio y remodelado espacio está presidido por el **convento de San Francisco.**

En la misma plaza se hallan dos **conventos,** el **de la Concepción,** con iglesia barroca que guarda un **retablo** y un **calvario** de Pedro de Bolduque; y el **de Santa Isabel** construido en el último tercio del siglo XVI por la Orden de Terciarias Franciscanas. Y en el entorno de las calles Concepción y Tenerías se encuentra el **Museo de las Tenerías,** un rehabilitado edificio donde se muestra el proceso de transformación de las pieles en cuero.

A pesar de la calidad y cantidad de edificios religiosos que hemos visto en la villa de Cuéllar, el verdadero centro espiritual no solo de la ciudad sino también de la comarca se encuentra al final de un ameno camino de 5 km que parte casi enfrente del

Museo de las Tenerías
- Concepción, s/n.
- En verano, de miércoles a domingo, de 17.30 h a 21 h; en invierno, de 17.30 h a 20 h.
- Acceso gratuito.

castillo y es el **santuario de Nuestra Señora del Henar;** situado junto a una fresca pradera a la orilla del río del mismo nombre, aglutina la devoción de miles de creyentes de dentro y fuera de la provincia de Segovia que se amontonan en el soto el día de su romería, que se celebra el domingo anterior a San Mateo, entre el 14 y el 20 de septiembre. El edificio fue levantado sobre la ruina de una ermita de finales del XVI, casi un siglo después, por ser el lugar en el que la Virgen se apareció a unos pastores. En su interior alberga varios retablos neoclásicos, bóvedas y cúpulas pintadas por José Micot, una cajonería de nogal realizada por los hermanos Moratinos y, sobre todo, la venerada **imagen** románica del siglo XII de la Virgen del Henar.

Tomamos la carretera comarcal SG 342 para recuperar la Tierra de Pinares, con bosquetes que comienzan a colorear el paisaje a uno y otro lado del camino. Tras cruzar Narros de Cuéllar, en dirección a Coca, es preciso detenerse en **Samboal** para visitar la **iglesia de San Baudilio,** perteneciente al priorato cluniacense y un magnífico ejemplo del románico mudéjar, aunque bastante deteriorada. Lo más sobresaliente del templo es su ábside semicircular, la torre con tres cuerpos de ventanas y el interior, decorado con gran belleza.

A la altura de Navas de Oro encontramos el desvío que nos lleva hasta **Coca.** La ciudad tuvo gran

importancia en tiempos de los romanos *(Cauca Vaccea,* entonces), y vio nacer a al emperador Teodosio el Grande en el año 343. Testigo de la época es el **edificio de los Cinco Caños,** posible casa señorial del siglo I o II d. C que constaba de un gran estanque hoy desaparecido, y donde pueden apreciarse unos interesantes estucos policromados de estilo pompeyano. Durante la Edad Media, Coca alcanzó un notable desarrollo de la mano de la poderosa familia de los Fonseca, artífices de dos de sus principales monumentos: el castillo y la iglesia de Santa María.

El **castillo** de Coca es una impresionante fortaleza levantada ladrillo a ladrillo sobre una elevación que acentúa el efecto de altivez proporcionado por su profundo foso. El enorme edificio, de planta cuadrada, cuenta con un triple recinto, en el segundo de los cuales se levanta una **torre del homenaje** colosal, de una verticalidad y elegancia sorprendente en una obra militar. Todas las filigranas que permite el ladrillo tienen su reflejo en esta fortaleza, desde las necesarias troneras hasta las esquinillas, espigas o canutillos que adornan adarves, almenas, torreones, cubos y torretas. La inmensa mole que fue construida por don Alonso de Fonseca, arzobispo de Sevilla, en el siglo XV, tuvo suntuosos salones y estancias palaciegas aunque, desgraciadamente, todas sus riquezas fueron trasladadas. Se cuenta que de la fortaleza parten pasadizos secretos a las

· · · · · · · · ·

Castillo de Coca
☎ 617 573 554.
🖰 www.castillodecoca.com
🖃 Entrada: 3 €.

▼ Castillo de Coca.

numerosas iglesias con las que contara Coca en épocas pasadas. El interior del castillo alberga en la actualidad una Escuela de Capacitación Forestal.

Desde el mismo castillo puede observarse el perímetro longitudinal de la **muralla** hecha de mampostería y ladrillo que llega hasta la puerta de acceso o arco de la villa. Entre dos enormes cubos y bajo una galería de ventanas cegadas es difícil imaginarse una forma mejor de abrir el paso a una ciudad histórica.

En el interior de la villa sobresalen dos edificios: la **torre de San Nicolás** y la **iglesia de Santa María la Mayor**. La primera es del siglo XII, con arquerías ciegas en sus cuerpos inferiores, que durante el siglo XVIII hizo las veces de cementerio de los pobres que morían en el hospital. En la actualidad se ha acondicionado como mirador de los frondosos parajes de los alrededores. La segunda es la única que se conserva de las ocho iglesias que tuvo la villa. Se trata de una construcción tardogótica de principios del siglo XVI, con planta de cruz latina, en cuyo interior se puede admirar un interesante **retablo** plateresco y varios **sepulcros** renacentistas de mármol de Carrara de algunos miembros ilustres

► Torre de San Nicolás.

de la familia Fonseca, artífice de la obra. El **Cerebosma (Museo Nacional del Servicio Forestal)** está situado a 2 km del pueblo, en la carretera de Villagonzalo.

De regreso a Segovia podemos pasar por **Navas de Oro** y **Nava de la Asunción,** ambas entre enormes pinares, regadas por los mismos ríos y ambas con iglesia parroquial y ermita del Cristo. La de Nuestra Señora de la Asunción tiene una hermosa espadaña rematada con un nido de cigüeñas que es casi símbolo del pueblo.

Por la misma carretera cruzamos Nieva y enseguida entramos en **Santa María la Real de Nieva.** Según la tradición, la aparición de la Virgen a un pastorcito en 1362 y el posterior descubrimiento de su imagen fue el motivo de la creación, primero, de un monasterio que enseguida fue benedictino y, después, de la villa que hoy conocemos. Cruce de caminos y cabeza de partido, Santa María la Real de Nieva extiende su viejo caserío por lo alto de una elevación rodeada de llanuras cerealistas. Fueron Enrique III el Doliente y, sobre todo, su mujer Catalina de Lancáster quienes decidieron la construcción del convento, que no concluyó hasta entrado el siglo xv. La **portada** norte de la iglesia, conocida como **de la Gloria,** es gótica y su interesante decoración, con numerosas figuras, se encuentra bastante deteriorada. La **portada** de poniente, llamada **del Perdón,** es de estilo renacentista En el *interior,* con tres naves de bóvedas nervadas en los ábsides, se encuentra la **imagen** de la patrona El altar mayor es barroco y en el lado de la epístola existe un **retablo** renacentista con trabajadas imágenes, entre las que destaca una **talla** de San Jerónimo penitente atribuida al taller de Alonso Berruguete.

El maravilloso **claustro,** construido en un estilo arcaico entre los siglos xv y xvi. tiene planta cuadrada rodeada de galerías de arcos ojivales. Los **capiteles,** de marcado aire románico, ofrecen una variada muestra de la vida castellana de la época, representando desde escenas de caza y campo hasta los ciclos de la naturaleza, pasando por un calendario agrario o una misteriosa serie de enigmáticos rostros.

Merece la pena acercarse hasta **Domingo García,** donde se puede visitar el **yacimiento** de arte rupestre **del Cerro de San Isidro.**

Saliendo en dirección a Arévalo y desviándonos enseguida hacia el sur cruzamos el pequeño **Melque,** con su iglesia de piedra ennegrecida; y después **Juarros de Voltoya,** situada al mismo borde

Cerebosma (Museo Nacional del Servicio Forestal)
661 334 590.
www.ayuntamientodecoca.com

Monasterio de Santa María la Real
921 594 036.
www.santamaria denieva.com
Concertar la visita.

▲ Detalles de la portada norte de Santa María la Real de Nieva.
En la imagen superior, se muestran los santos padres dominicos y, debajo, la representación de la Pasión y muerte de Cristo.

del río que le da apellido. El siguiente pueblo que nos sale al paso es **Martín Muñoz de las Posadas.** Fue villa de importancia y aún reúne en torno a su espaciosa plaza castellana semiporticada un conjunto monumental de interés. La **iglesia** parroquial, construida entre los siglos XIII y XVI, cuenta con tres portadas de diferentes épocas y estilos (gótica, renacentista y plateresca). En su interior sobresalen el magnífico **retablo mayor** (1584) de madera, en el que se representan escenas de la vida de Cristo en bajorrelieve policromado, y el **sepulcro** del cardenal Diego de Espinosa, con figura orante, en alabastro cincelado por Pompeyo Leoni, del siglo XVI. Además se pueden contemplar unos interesantes **frescos** de los siglos XIII al XV y un valioso lienzo de El Greco, *El Calvario,* pintado entre 1590 y 1596. Del cardenal Diego de Espinosa también se conserva el **palacio** clasicista (siglo XVI) trazado por Juan Bautista de Toledo. Construido en piedra y ladrillo, cuenta con un sobrio patio plateresco de columnas dóricas y arcos de medio punto en el cuerpo bajo, y una elegante escalinata y balaustrada. La portada, flanqueada por torreones, lleva adosadas cuatro columnas jónicas y exhibe el escudo real y el blasón de su pagador. En el camino hacia Labajos se puede hacer un desvío hasta **Bercial** y su museo etnológico.

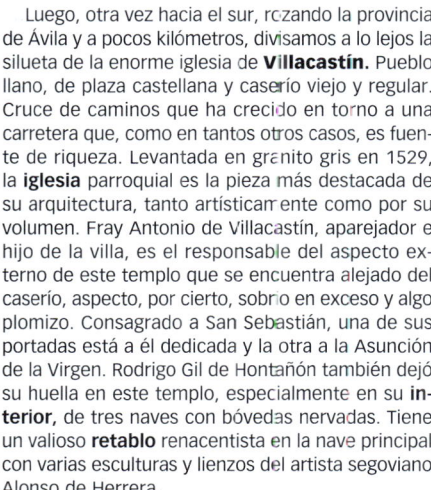

▲ Capiteles de las columnas del claustro de Santa María la Real de Nieva, donde se representa a los diferentes estamentos sociales.

◄ En la imagen central, el claustro de Santa María la Real de Nieva.

Luego, otra vez hacia el sur, rozando la provincia de Ávila y a pocos kilómetros, divisamos a lo lejos la silueta de la enorme iglesia de **Villacastín.** Pueblo llano, de plaza castellana y caserío viejo y regular. Cruce de caminos que ha crecido en torno a una carretera que, como en tantos otros casos, es fuente de riqueza. Levantada en granito gris en 1529, la **iglesia** parroquial es la pieza más destacada de su arquitectura, tanto artísticamente como por su volumen. Fray Antonio de Villacastín, aparejador e hijo de la villa, es el responsable del aspecto externo de este templo que se encuentra alejado del caserío, aspecto, por cierto, sobrio en exceso y algo plomizo. Consagrado a San Sebastián, una de sus portadas está a él dedicada y la otra a la Asunción de la Virgen. Rodrigo Gil de Hontañón también dejó su huella en este templo, especialmente en su **interior,** de tres naves con bóvedas nervadas. Tiene un valioso **retablo** renacentista en la nave principal con varias esculturas y lienzos del artista segoviano Alonso de Herrera.

Desde aquí tan solo nos separan de Segovia 35 km por la N 110, amenizados por el paso a través de **Zarzuela del Monte,** con su **Museo de Arte Contemporáneo,** Fuentemilanos, lugar ideal para la práctica del vuelo sin motor, y Madrona.

Museo de Arte Contemporáneo
✉ Plaza del Ayuntamiento, 1. Zarzuela del Monte
☎ 921 192 435, 630 646 728.
🌐 https://segoviaturismo.es

Los pueblos Rojos y Negros y las Hoces del Riaza

La comarca del noreste de Segovia es la más pobre y abandonada de la provincia aunque también, quizás por algún caprichoso y paradójico designio, una de las más bellas. Pasaremos por tierras que cambian de color como por arte de magia, por villas serranas, humildes y nobles, así como por un pueblo medieval que se alza como un barco sobre las aguas de un misterioso pantano.

De nuevo en la N 110 en dirección a Soria, la que nos guiará paralela al macizo del Guadarrama hasta nuestro destino. Cruzaremos por Torrecaballeros y Collado Hermoso y seguiremos hasta Navafría, que se levanta al pie de la montaña. **Navafría** es un pueblecito serrano con cierta animación veraniega, de caserío tradicional construido, sobre todo, en caliza, granito y pizarra, materiales que ayudan a combatir la dura climatología de la zona.

El río Cega, todavía casi un arroyo, riega las verdes praderas del entorno, aunque ya no mueve, como hasta hace unos años, la rueda del martinete de la familia Abán, tradicionales caldereros de cobre. Este martinete fue convertido en **Museo Etnográfico** y declarado Bien de Interés Cultural.

Subiendo por una carreterita entre pinos se llega a un lugar conocido como *El Chorro*, área recreativa habilitada junto al río con una senda que conduce hasta un espectacular salto de agua; es un sitio ideal para comer algo en su bar restaurante y darse un refrescante baño. De mediados de mayo a mediados de septiembre el acceso de vehículos está limitado y se paga una entrada.

Más arriba está el puerto de Navafría (límite con la Comunidad de Madrid) y que sucede, hasta Cotos, al de Lozoya, Malagosto y el Reventón.

Siguiendo por la carretera general cruzamos **Matabuena** y **Matamala,** lugares donde una hogaza de pan adquiere la categoría de manjar; y más adelante, **Arcones** y **Prádena,** separadas por un espléndido sabinar.

El primero es un centro nacional para los aficionados al ala delta y al parapente.

En el segundo se puede visitar la **cueva de los Enebralejos**, donde se ha habilitado una interesan-

Ayuntamiento de Navafría
✉ Plaza de Mayo, 1.
☎ 921 506 001.
🌐 www.navafria.es

Museo Etnográfico El Martinete
☎ 682 156 236.
🕐 Visita guiada previa reserva, de miércoles a domingo a las 11 h y 12.30 h; sábado también a las 16 h.

te **Aula Arqueológica.** Varios paneles explicativos y talleres permiten conocer de forma didáctica el estilo de vida del pueblo que hace 4.500 años usó la cueva para enterramientos colectivos y la adornó con vasijas, pinturas y otros enseres.

En Santo Tomé del Puerto utilizamos por unos kilómetros la A 1, para desviarnos, más allá de Cerezo de Abajo, por la misma N 110. Después de cruzar Cerezo de Arriba, dejando a nuestra derecha el desvío a la estación de esquí de La Pinilla entra-

Cueva de los Enebralejos
☎ 921 507 113.
🖥 www.cuevadelos
enebralejos.es
🎟 Entrada: 8,50 €.

◀ ▲ El Chorro y sendero por el bosque de Navafría.

mos en **Riaza,** después de atravesar el hermoso y maltratado valle del río Serrano.

Entramos por una espaciosa explanada adornada con un *via crucis* a esta villa también con vocación montañera, que se plasma en su caserío serrano salpicado de recias contraventanas, de aleros saledizos y balcones y galerías de madera. También hay caserones blasonados, como el de los Vélez de Guevara, donde el granito es material principal. La homogeneidad de sus cuidadas fachadas alcanza, en alguna de sus calles, una plasticidad y un colorido extraordinarios.

Es imprescindible acercarse hasta la **Plaza Mayor,** cuya forma actual data de 1873. En torno a

Oficina de Turismo de Riaza
✉ Plaza Mayor, 1.
☎ 921 550 430.
🖥 www.riaza.es

La sierra de Ayllón

En el triángulo que conforman las villas de Riaza, Ayllón y los límites de las provincias de Soria y Guadalajara se encuentra el paisaje más sugestivo, agreste y dispar de la provincia de Segovia.

Dos colores lo definen: por un lado, el rojo de la tierra, que ha sido utilizado en los pueblos para levantar tapiales de adobe y para revocar fachadas, de manera que aquí las casas parecen crecidas de la tierra misma. Ayllón es el pueblo más representativo porque, además, ofrece un friso de iglesias románicas, palacios, conventos, un museo de arte moderno y la plaza porticada, a la que pone peineta la esbelta espadaña de la iglesia parroquial. Madriguera, Francos, Estebanvela o Santibáñez son pueblos para ver.

El negro es el otro color predominante en pueblos hundidos en barrancos con paredes y tejados de pizarras. Son pueblos de pulso tenue, a punto de extinguirse, como El Negredo, Serracín y El Muyo. Las ermitas del Padre Eterno, en Estebanvela, y la de Nuestra Señora de Hontanares, en Riaza, asentadas en parajes que anuncian el paraíso, suponen un contrapunto que tiene su culminación en Riofrío de Riaza, en cuyo término, ya rayano con la provincia de Guadalajara, se extiende, junto a un bosque de robles, uno de los hayedos más espléndidos y meridionales de España.

la arena, que se utiliza como coso taurino durante las fiestas, se disponen unas gradas empedradas y profundos soportales de madera donde se asientan algunas de las casas más bellas de Riaza. Está presidida por el **Ayuntamiento,** del siglo XVIII, con el escudo de la villa y la torrecilla del reloj, coronada por un curioso chapitel de hierro.

A su derecha asoma la robusta y cuadrada torre de la **iglesia de Nuestra Señora del Manto,** templo de trazas gótico renacentistas que alberga en su interior un **Museo de Arte Sacro** con interesantes obras escultóricas como una *Piedad* de escuela castellana del siglo XVI, y un *Cristo Yacente* del XVII.

En la inmediata serranía, y rodeado de un parque recreativo, se levanta el **santuario de Hontanares.** El entorno es muy sugerente, con un frondoso robledal y algunas praderas desde las que se obtienen espléndidas panorámicas de la meseta castellana hacia la depresión del Duero. La popular romería se celebra el primer domingo de mayo.

A 6 km se encuentra la **estación de esquí de la Pinilla,** con 21 pistas situadas entre los 1.200 y los 1.800 m. Pasando **Riofrío de Riaza,** encantador pueblo de arquitectura serrana, se alcanza el *puerto de la Quesera* (1.710 m), también con magníficas vistas. En sus alrededores se localiza el *hayedo de la Pedrosa,* espacio natural protegido considerado el hayedo más meridional de Castilla y León.

Para llegar a Ayllón, en vez de tomar la carretera de Soria, por la que queda a unos 20 km, es recomendable seguir el camino por el que salimos hacia la ermita de Hontanares. No muy lejos comenzamos a ver que la tierra adquiere un intenso color rojizo provocado por la arcillosa composición. Los pueblos de su entorno, como **Villacorta** o **Madriguera,** de típico y singular caserío, ofrecen idéntico colorido. Sus iglesias, así como su escaso y humilde caserío, tienen paredes y techumbres invadidas por todas las tonalidades que rodean el rojo puro.

Poco después, y ante nuestro asombro, el suelo se va oscureciendo paulatinamente. La pizarra toma terreno a la arcilla hasta convertirse en material predominante en pueblos como **El Negredo** o **El Muyo,** donde el color negro remata todas las viviendas e, incluso, sirve para pavimentar las calles, algunas de ellas sin necesidad alguna de obra, pues la negra veta aflora naturalmente a la superficie.

Estamos bordeando el límite de la provincia de Segovia con las de Guadalajara y Soria y, en Santibáñez de Ayllón, giramos hacia el noroeste por la SG 145 para, siguiendo el curso del Aguisejo hacia

Museo de Arte Sacro
☎ 921 550 430.
🕐 Visita previa reserva.
🎟 Entrada: 1 €.

▼ El Muyo (arriba) y Villacorta (abajo), pueblos de arquitectura negra y roja.

▲ Palacio de Juan de Contreras, Ayllón.

● ● ● ● ● ● ● ●

🛈 Oficina de Turismo de Ayllón

✉ Plaza Mayor, s/n (iglesia de San Miguel).

☎ 680 717 278.

◉ Visitas guiadas: sábado (12.30 h y 17.30 h) y domingo (12.30 h). Las visitas de la tarde se suspenden en horario de invierno.

🖰 www.ayllon.es

● ● ● ● ● ● ● ●

Centro de Interpretación del Yacimiento de la Peña de Estebanvela

☎ 680 717 278 (Ayuntamiento de Ayllón).

◉ El Centro de Interpretación abre en julio y agosto. El yacimiento se encuentra cerrado al público.

el norte, llegar a **Estebanvela** –con su yacimiento del cerro de la Peña– y después arribar a la villa de **Ayllón.** Importante centro urbano desde la época romana, aunque es en el Medievo, siendo cabeza del señorío de don Álvaro de Luna, cuando alcanza su mayor esplendor. Su entrada, junto al puente sobre el río Aguisejo que pronto se unirá al Riaza, se hace por un **arco** medieval de gran presencia, con matacán y blasonado en el interior, aunque algo deteriorado. Su color rojizo, similar al del resto del pueblo, no se debe a la arcilla, como podría parecer sino al material ferruginoso que tiñe la caliza. Es uno de los restos que permanece de la antigua fortaleza, junto a algún tramo de la muralla y a la curiosa **torre** llamada **La Martina,** previsiblemente por haberse levantado sobre la iglesia de San Martín.

Al flanquear el arco nos topamos con el primer edificio de interés, el **palacio de Juan de Contreras,** un caserío de fachada isabelina de finales del siglo XV en el que destaca una hermosa serie de **ventanas** arqueadas. En la portada hay tres muestras heráldicas, enmarcadas en un cordón franciscano a modo de alfiz. En la **cornisa** mudéjar hay una serie de ornamentos con forma de pirámide invertida y en el interior unos preciosos **artesonados** policromados.

Siguiendo la calle se alcanza la **Plaza Mayor,** con una fuente pilón en su parte más ancha y flanqueada por coquetos soportales. Al fondo se alza el edificio del **Ayuntamiento,** que de su obra original solo conserva la triple arquería de dos pisos que forma la fachada. Muy cerca se encuentra la **iglesia de San Miguel,** de estilo románico tardío (siglo XIII), época de la que aún conserva el ábside semicircular, la portada sur y una robusta espadaña construida en piedra. El templo alberga el sarcófago donde yace el cuerpo de Juan Contreras.

Algo más retirada, pero mostrando sobre los tejados rojizos su esbelta espadaña de tres alturas rodeada de pináculos, se levanta la **iglesia** parroquial **de Santa María la Mayor,** de aire renacentista. En su interior se guarda una pila bautismal románica, diversas imágenes gótico renacentistas y retablos y sepulcros procedentes de otros templos.

Subiendo hacia la torre albarrana de La Martina se localiza otra **iglesia** románica, la **de San Juan,** del siglo XII, de la que queda en pie el **ábside** con tres arcos de medio punto, restaurado al igual que los **jardines.** El conjunto es propiedad privada y se puede visitar pasando por taquilla.

En las plazas y calles de Ayllón abundan las casas nobiliarias como el **palacio del obispo Vellosillo,** de fachada renacentista, que alberga el **Museo de Arte Contemporáneo** de la villa, actualmente cerrado por obras en el edificio; la **casa del Águila,** en la Calle Real; o el **hospital del Sancti Espíritu,** fundado a finales del siglo XVI. A las afueras del pueblo se encuentran las ruinas de **convento de San Francisco,** fundado por el santo de Asís, del que quedan la **portada,** con una **imagen** de su fundador en hornacina, una gran **espadaña** y poco más, pese a lo cual impresiona su vertical esbeltez. Las ruinas del convento se han integrado en un nuevo y coqueto establecimiento hotelero.

Cerca de Ayllón, **Santa María de Riaza** cuenta con una hermosa **iglesia** románica de interesantes artesonados, retablos, imágenes y pinturas.

A tan solo 15 km de Ayllón, siguiendo el curso del Aguisejo, primero, y del Riaza, después, está **Maderuelo.** Comparado, al igual que el Alcázar de Segovia, con la proa de un barco, el símil tiene aquí un toque de realismo al alzarse su figura sobre las aguas del **embalse de Linares.** Este embalse, inundado en 1946, supuso la pérdida del pueblo que le da nombre, Linares del Arroyo, del que a veces asoma a la superficie la espadaña de su iglesia como símbolo del enigmático ambiente de toda la comarca. El embalse se tragó también unas famosas fuentes termales conocidas como El Aguadillo, una fértil vega, el puente romano que solo puede verse

▲ Torre de La Martina, Ayllón.

• • • • • • • • •

🛈 **Oficina de Turismo de Maderuelo**
✉ Arriba, 5.
☎ 648 453 818.
🖥 www.maderuelo.es

cuando baja el nivel del agua y los **frescos** románicos de la **ermita de la Vera Cruz,** trasladados al Museo del Prado para preservarlos de la humedad. Enfrente, en lo alto de una atalaya, se asoma la **ermita de la Virgen de Castroboda,** patrona del pueblo y, antaño, de toda la comunidad.

A Maderuelo el agua del Linares tan solo le ha dado más belleza de la que poseía, que era mucha. A la villa se entra por un arco que da acceso a la **plaza de San Miguel,** así llamada por estar presidida por la **iglesia** del mismo nombre; un templo del románico tardío que conserva cierta homogeneidad con el caserío circundante, semejando una pieza más del rompecabezas urbano. En el mismo lugar se hallan tres sobrios **caserones** románicos. Más adelante, entre casas humildes, pasadizos y callejuelas, está la **plaza de Santa María** que también recibe el nombre de su **iglesia,** un templo románico con añadidos que se asoma al acantilado con la enhiesta espadaña como mascarón de proa, levantándose sobre el perfil del pueblo. La plaza separa las dos calles principales de Maderuelo, sin más protocolos llamadas la de Abajo y la de Arriba, bajo las cuales, aseguran los vecinos, se entrelazan laberínticos pasadizos que esconden el tesoro de don Álvaro de Luna.

Desde el inicio del embalse de Linares hasta la presa levantada junto al pueblo hundido hay 12 km de distancia. Esta gran extensión húmeda sirve de hábitat y paso a numerosas especies tanto de aves, especialmente anátidas, como de peces o flores y arbustos, destacando entre estas el omnipresente color amarillo de la aulaga, única compañera de tantas rocas calizas. Entre la presa del *embalse de Linares* y el pueblo de Montejo se encuentra el *Parque Natural de las Hoces del Río Riaza,* reconocido también como Zona de Especial Protección para las Aves (Zepa). Este espacio natural está formado por un conjunto de cañones y barrancos que se extiende a lo largo de 12 km del cauce medio del río Riaza, flanqueado por impresionantes farallones de roca caliza. El paisaje está formado por carrascas y sabinares en la parte alta de las paredes, mientras que en la ribera crecen álamos blancos y distintas especies de chopos y sauces. Los cortados que forma el río a su paso han permitido alojar más de doscientas especies de aves, entre las que sobresalen las colonias de buitre leonado y de alimoche, en la actualidad consideradas como las más densas y numerosas de Europa. No es raro, por tanto, divisar concentraciones de más de 50

▲ Parque Natural de las Hoces del Río Riaza.

buitres sobrevolando estos parajes, además de otras rapaces como halcones peregrinos, águilas culebreras o águilas reales. El mejor observatorio para contemplarlas es el **Refugio de Rapaces** (abierto de junio a noviembre), ubicado en el mismo cañón y gestionado por la asociación ecologista WWF.

Desde **Montejo de la Vega de la Serrezuela** sale el camino que se dirige a las hoces. Al fondo del desfiladero, entre sabinas y encinas, aparecen las ruinas de la **ermita** románica **del Casuar,** levantada por monjes benedictinos en otro maravilloso enclave que fue cedido por Fernán González al monasterio de San Pedro de Arlanza tras la Reconquista.

Muy cerca, bordeando el embalse, se descubre la *Cañada soriana occidental,* en buen estado de conservación, y la *Cañada real segoviana,* que entra en Segovia por Honrubia de la Cuesta. Hay que aprovechar y acercarse hasta **Aldeanueva de la Serrezuela,** localidad natal de Victoriano Hernández, fundador de la primera editorial de libros de enseñanza en España. Un pequeño **museo** así lo atestigua.

Casa del Parque Natural Hoces del río Riaza
✉ Las Eras, 18. En Montejo de la Vega.
☎ 921 532 459.
🌐 www.patrimonionatural.org

Dónde...

GASTRONOMÍA

La gastronomía segoviana constituye uno de los referentes esenciales que han contribuido al desarrollo turístico de la provincia. Se trata de la primera industria. En realidad, la gastronomía supone toda una escuela de depurados saberes que, sin renunciar a los aportes de la tradición, ha profundizado en nuevos caminos, ofreciendo al paladar una sorprendente combinación de gustos. Con todo, es la tradición la que manda. Al esplendor de los fogones segovianos no ha sido ajena la estampa risueña de ciertos mesoneros que, durante decenios, han supuesto y siguen suponiendo un emblema de gozosa satisfacción, íntimamente ligada a la ciudad. Una de las claves del éxito radica en la bondad de la materia prima y en la sencillez de la elaboración. Existe una concurridísima ruta de los asados, que se extiende por pueblos monumentales o marcados por el encanto del paisaje, como Torrecaballeros, Sotosalbos, Turégano, Pedraza, Sepúlveda y Sacramenia. Pero los restaurantes no hacen sino seguir la pauta marcada por el pueblo en asuntos culinarios, huyendo de oropeles y ciñéndose a los platos esenciales de la cocina tradicional segoviana, que son tributarios de la cultura campesina.

▍Caza

La caza, tanto mayor como menor, da lugar a un tipo de degustación comunitaria, con mesas concurridas, bromas, alharacas y postres, rematada con canciones. Son muchos los cazadores que presumen de ir a cazar por pasar el rato, comer un bocadillo y pegarle a la bota; y luego, si cobran pieza, comerla comunitariamente. Perdices y codornices escabechadas, liebres con arroz o judías y estofados de jabalí son platos que se comen en olor de francachela.

▍Carne

¿El cochinillo o el cordero? Existe una tácita rivalidad entre estos dos animales, que son los reyes coronados de la mesa. Mientras que en Sepúlveda y su vasta área de influencia el cordero se alza como único emblema culinario, en la ciudad de Segovia conviven en feliz armonía; y es en la zona este de la provincia, rayana con la villa abulense de Arévalo, donde el cochinillo asienta sus reales posaderas y goza, además, de marca de garantía: "Cochinillo de Segovia". El cordero ha de ser lechazo y el cochinillo mamón, es decir, han de desconocer la ingestión de piensos. Los mesoneros de Sepúlveda presumen de que sus lechazos no llevan ni hierbas ni especias añadidas porque las madres pastan por terrenos donde abundan las plantas aromáticas, de modo que la carne va especiada por dentro y en vivo.

El cerdo y su ritual matancero constituyen otro de los grandes hitos de la cocina segoviana. Chorizos de Cantimpalos o La Matilla; morcillas de Bernardos; y jamones de Valseca, Bermuy de Porreros o Carbonero el Mayor son referencias inevitables de este animal. En épocas de matanzas algunos restaurantes organizan jornadas de exaltación.

La larga franja de la sierra sobre la que se reclina la provincia ha sido tierra de transhumancia, dando lugar a un plato propio de pastores, como es la caldereta, que preparan con buena mano en Arcones y Prádena. Esta misma zona cría ahora magníficas terneras, que proporcionan en la mesa jugosos chuletones a la plancha y estofados

Otro plato curioso y común a la zona del Carracillo (Samboal, Chañe, Sanchonuño, Gomeserracín, etc.) son los patos o parros, que preparan asados.

Legumbres

Los judiones de La Granja son alubias de gran tamaño, de color blanco, negro o jaspeado. Esta legumbre de variedad blanca sorprende por ser muy tierna y sabrosa, extremadamente suave después de la cocción. Cuenta la tradición que su cultivo data del siglo XVIII, cuando Isabel de Farnesio, esposa de Felipe V y muy aficionada a los faisanes, los trajo desde América del Sur para alimentar a sus aves. Con oreja de cerdo, chorizo, codillo de jamón, pimiento verde, cebolla y ajo conforman un guiso estupendo.

Pescados

De sus ríos tenían fama las truchas de Navafría y las tencas de Sanchonuño, pero a día de hoy las primeras son todas de criadero.

En cuanto a las especies que llegan del mar, hay tres con gran arraigo: el bacalao, que se prepara a la vizcaína, a la sepulvedana, en potaje o al ajoarriero; el congrio, en salsa verde o al ajillo; y la conserva del verdel en escabeche, que se sirve en ensalada con cebolla o en tortilla, y es plato muy común en las meriendas que preparan las cuadrillas en las zonas de bodegas al norte de la provincia.

Setas

La abundancia de bosques y praderíos proporciona una gran variedad de setas. El níscalo, la especie pinariega más abundante, combina bien con migas de chorizo, patatas, judías pintas, en tortilla o al ajillo. Aunque menos abundante, la seta de cardo es más exquisita. El boletus, la manjaria, la sombrerilla y el champiñón silvestre son especies muy apreciadas y los restaurantes las ofrecen en sus mesas.

Repostería

Amarguillos, ciegas, rosquillas de pascua, bollos de piñones y bollos de manteca conforman el núcleo de la repostería popular segoviana. Pero el postre por antonomasia lo constituye el ponche segoviano. Es difícil resistirse a este delicioso manjar realizado con crema pastelera entre dos tortas de bizcocho, con mucho huevo y recubierto todo con una capa de mazapán quemado.

Quesos

De un panorama ciertamente pobre, Segovia ha pasado a contar en unos pocos años con varios magníficos obradores de queso de oveja, fabricados en pequeñas explotaciones artesanales. Aunque su producción sea limitada, sería una felonía silenciar los pueblos donde se ubican: Espirdo, Cedillo de la Torre, Armuña (con certificación ecológica), Sacramenia y Escalona del Prado. En su producción minoritaria radica su calidad suprema.

Vinos

Dos zonas de la provincia de Segovia están integradas en sendas denominaciones de origen: Ribera del Duero, Rueda y Vinos de la Tierra de Castilla y León. La primera proporciona excelentes claretes jóvenes y tintos. Rueda, por su parte, se alza como uno de los pilares indiscutibles de los vinos blancos, sobre todo en su variedad verdejo. La tercera DO produce tintos y rosados con uvas procedentes de la región. Al norte, siguiendo el cauce del Duratón, se encuentra la comarca vitivinícola de Valtiendas, la única con denominación de origen propiamente segoviana. Produce vinos tintos muy apreciados por su lenta maduración.

Restaurantes

SEGOVIA

Mesón de Cándido

✉ Plaza del Azoguejo, 5.
☎ 921 425 911/ 428 103.
🌐 www.mesondecandido.es
🍴 Precio medio: 50 €.

Cándido fue el cocinero que más celebridad ha dado a la cocina segoviana. Situado al pie del acueducto, era frecuente que recibiera a los clientes, dándoles la bienvenida con el pecho enmarañado de medallas, y ejerciera después en el comedor como gran maestro de ceremonias, partiendo con un plato el cochinillo y recitando unos versos rituales. Al negocio le ha dado continuidad Cándido López, hijo del afamado hostelero y Mesonero Mayor de Castilla, que mantiene viva la gloria pretérita que rezuman las paredes de esta casa museo, llena de recuerdos y reliquias. Sopas de ajo, judiones de La Granja o entrantes variados son algunos de los primeros platos, que se coronan con lechazo asado o cochinillo y otros platos tradicionales.

Claustro

✉ San Antonio el Real, s/n.
☎ 921 413 455.
🌐 www.sanantonioelreal.es
🍴 Precio medio: 30-50 €.

El restaurante del hotel San Antonio el Real (4*) es una buena opción fuera del casco viejo. Cocina de temporada y buena materia prima.

Casa Duque

✉ Cervantes, 12.
☎ 921 462 487.
🌐 https://restaurante duque.es
🍴 Precio medio: 45 €.

Es una ancestral institución culinaria, con 128 años de vida, que goza de un prestigio consolidado. Junto a los platos conocidos e insoslayables, Duque también ha prestado atención a las nuevas aportaciones de la cocina moderna. Forma, junto con Cándido, un tándem clásico de la buena cocina tradicional.

La Cocina de Segovia

✉ Pº Ezequiel González, 26.
☎ 921 437 462.
🌐 https:// lacocinadesegovia.e
🍴 Precio medio: 55 €.

El restaurante del hotel Los Arcos ha dado a este establecimiento un toque de postín, llevando hasta sus fogones los platos más sofisticados y las combinaciones más atrevidas sin olvidarse del sota, caballo y rey de la regia tradición segoviana. Trato exquisito.

La Concepción

✉ Plaza Mayor, 15.
☎ 921 460 930.
🌐 www.restaurantela concepcion.com
🍴 Precio medio: 50 €.

Sin perder de vista la cocina tradicional, realiza una cocina creativa y bien presentada. Excelente carta de vinos.

El Figón de los Comuneros

✉ Travesía del Patín, 4.
☎ 921 460 309.
🌐 https://figondelos comuneros.com
🍴 Precio medio: 40 €.

Ofrecen buenas carnes –rojas y de cordero–, platos castellanos, algún pescado y muchos platos de la tierra.

Maracaibo-Casa Silvano

✉ Pº Ezequiel González, 25.
☎ 921 461 545.
🌐 https://restaurante maracaibo.com
🍴 Precio medio: 50 €.

Cocina moderna que no olvida alguno de los platos tradicionales (buen cochinillo y buen lechazo, sobre todo si se encargan previamente). Tiene terraza.

José María

✉ Cronista Lecea, 11.
☎ 921 461 111/ 466 017.
🌐 www.restaurantejose maria.com
🍴 Precio medio: 45 €.

Abrió sus puertas a principios de los ochenta y su marcha ha sido meteórica e imparable. Posiblemente sea uno de los locales más frecuentados por los segovianos. Además de los platos de cocina tradicional, oferta una amplia gama de pescados frescos.

Restaurante del Parador

✉ Carretera de Valladolid, s/n.
☎ 921 443 737.
🌐 https://paradores.es
🍴 Precio medio: 50 €.

Junto a la cocina tradicional que constituye la base de la oferta, se pueden encontrar otro tipo de preparaciones originales. Altos vuelos y mucha creatividad. Además, el comedor ofrece una de las panorámicas más hermosas de la ciudad.

El Fogón Sefardí

✉ Isabel la Católica, 8.
☎ 921 466 250.
🌐 www.lacasamudejar. com
🍴 Precio medio: 45 €.

Del hotel La Casa Mudéjar, ubicado en plena judería, ofrece cocina local y especialidades tradicionales sefardíes.

Villena
- Plaza Capuchinos, s/n.
- 921 461 742.
- www.restaurante-villena.com
- Precio medio: 60 €.

Abierto en 2014 en la antigua iglesia del hotel de cinco estrellas Convento de Capuchinos, mantiene su apuesta por una cocina de autor.

El Bernardino
- Cervantes, 2.
- 921 462 477.
- https://elbernardino.com
- Precio medio: 40 €.

Fundado en 1939, es uno de los más típicos de la ciudad. Horno de asar y buena bodega.

Carbonero El Mayor

Meson El Riscal
- Ctra. Segovia, 31.
- 921 560 289.
- Precio medio: 40 €.

Excelente carne de buey y lechazo asado, junto a platos más creativos.

Chañe

Dani's
- Real, 11.
- 921 155 009.
- Precio medio: 30 €.

Los hermanos Cabrera han conseguido poner a este pueblo, a medio camino entre Coca y Cuéllar, en el mapa gastronómico de Segovia. Cocina de temporada y producto local.

Cuéllar

Mesón San Francisco
- Camilo José Cela, 2.
- 921 140 009.
- www.hmsanfrancisco.com

De entre todos los buenos restaurantes de la villa de Cuéllar destaca este mesón, un clásico de la buena cocina castellana, con una amplia oferta tanto en carnes como en pescados. Naturalmente, sobresale el lechazo. Buena bodega.

El Henar
- Ctra. El Henar, km 5,2.
- 921 141 722.
- https://elhenar.com
- Precio medio: 40 €.

Situado a las afueras, es una de las ofertas culinarias más destacadas de la villa con los encierros más antiguos de España.

Fresno de Cantespino

Las Cubas
- Las Damas, 8.
- 921 555 009.
- Precio medio: 30 €.

Se trata de una taberna portadora de las buenas virtudes de la cocina rural. La especialidad de la casa son las codornices fritas con cebolla, pimiento y tomate, que poco antes de retirar de la lumbre reciben un chorro de vino blanco y vinagre. Este plato, reiteradamente premiado, ha llevado hasta este pequeño pueblo, una cantidad ingente de peregrinos culinarios. Atención, imprescindible reservar mesa.

Madriguera

La Pizarrera
- Los Huertos, 3.
- 619 065 614.
- https://lapizarrera.es
- Precio medio: 40 €.

A pocos kilómetros de Riaza, la huerta de Ana y Chema deslumbra por su sabor y sencillez. Sabores de siempre para disfrutar en la mesa. Conviene reservar.

Pedraza

La Olma
- Plaza del Álamo, 1.
- 921 509 981.
- https://laolma.com
- Precio medio: 40 €.

Local decorado con esmero y buen gusto. Magnífico asador instalado en un caserón del siglo xvi. Cordero y cochinillo son la base de la minuta, pero hay más.

El Jardín
- Calzada, 6.
- 921 509 862.
- http://eljardinde pedraza.com
- Precio medio: 35 €.

Desde los ventanales del comedor se pueden contemplar unas espléndidas vistas a la muralla y al jardín que da nombre al local. Por lo demás, asados y algún plato de temporada.

El Corral de Joaquina
- Iscar, 3.
- 921 509 819.
- www.elcorralde joaquina.com
- Precio medio: 35 €.

Cocina tradicional castellana en la rehabilitada vivienda de los guardeses del castillo. Lomo de ciervo a la plancha y los imprescindibles asados de cochinillo y cordero lechal.

Riaza

La Taurina
- Plaza Mayor, 6.
- 921 550 105.
- www.lataurinariaza.com
- Precio medio: 35 €.

Mesón popular situado en la plaza de Riaza, donde poder disfrutar de unos suculentos asados preparados en el horno y la cocina de leña original de 1956.

San Ildefonso/La Granja

Parador de La Granja
✉ Infantes, 3.
☎ 921 010 750.
🖥 https://paradores.es
🍽 Precio medio: 45 €.
Cocina segoviana con un toque de renovación.

Casa Zaca
✉ Embajadores, 6.
☎ 921 470 087.
🖥 www.casazaca.com
🍽 Precio medio: 35 €.
Desde 1940 tres generaciones se han sucedido al frente de este establecimiento que ofrece una carta que suele variar aunque algunos platos son los castellanos de siempre. Comedor pequeño –siempre lleno– pero muy acogedor. Se aconseja reservar.

Sepúlveda

Cristóbal
✉ Conde de Sepúlveda, 9.
☎ 921 540 100.
🖥 https://restaurante cristobal.es
🍽 Precio medio: 40 €.
Uno de los grandes e inquietos asadores de Sepúlveda es Cristóbal, que ha sabido apoderarse de una pléyade de buenos profesionales. Su oferta es variada y seria aunque, inevitablemente, el cordero impone su gratísima tiranía. Acceso para personas con discapacidad.

Casa Paulino
✉ Barbacana, 2.
☎ 921 540 639.
🖥 www.facebook.com/ CasaPaulinoRestaurante
🍽 Precio medio: 40 €.
Es el restaurante más antiguo de la villa, pequeño y tradicional (no podía ser de otra manera). Buenos asados y cocina castellana.

El Figón de Ismael
✉ Lope Tablada de Diego, 2.
☎ 921 540 055.
🖥 www.elfigondeismael. com
🍽 Precio medio: 40 €.
Sepúlveda es la capital del cordero asado. Si hemos fijado los ojos en este restaurante es por ese horno, que nos sale al encuentro nada más entrar, y, porque, además del repertorio clásico, ofrece las famosas codornices al estilo de Fresno de Cantespino. El vino es de la Ribera del Duero. Postres caseros.

Figón de Tinín
✉ Alfonso VI, 25.
☎ 921 540 440.
🍽 Precio medio: 35 €.
Sucede al emblemático Figón Zute el Mayor, donde el cordero con ensalada lo es todo.

Torrecaballeros

La Portada del Mediodía
✉ San Nicolás de Bari, 31.
☎ 921 401 011.
🖥 www.laportadadel mediodia.com
🍽 Precio medio: 45 €.
Buen asador ubicado en una antigua casa de postas del siglo XVIII. Ofrece también platos de temporada. Espacios para celebraciones.

El Rancho de la Aldegüela
✉ Pza. Marqués de Lozoya, 3.
☎ 921 401 060.
🖥 https://fincaelrancho.es
🍽 Precio medio: 40 €.
Antigua finca de esquileo convertida en restaurante, pero en la que además funciona una lujosa posada rural. Excelentes asados de cordero y cochinillo.

Turégano

Casa Holgueras
✉ Pza. de España, 13-14.
☎ 921 500 028.
🖥 www.restaurantecasa holgueras.com
🍽 Precio medio: 35 €.
Bajo los soportales de la Plaza Mayor, ofrece un asado lechal fantástico. Conviene reservar.

El Zaguán
✉ Plaza de España, 16.
☎ 921 501 165.
🖥 https://el-zaguan.com/ restaurante/
🍽 Precio medio: 30 €.
Con una acogedora decoración, en este agradable establecimiento se pueden saborear platos tradicionales castellanos.

Valsaín

La Hilaria
✉ Ctra. N 601, km 10,5.
☎ 921 470 292.
🖥 www.eljardindela hilaria.com
🍽 Precio medio: 40 €.
Es el restaurante de Valsaín por excelencia. Es ideal para saborear los deliciosos judiones de La Granja. La buena cocina que caracteriza a este establecimiento está también patente en sus asados. Y es conveniente reservarse para los postres. Terraza en verano. También es Centro de Turismo Rural.

❚ Compras

GASTRONÓMICAS

Los jueves por la mañana, en Segovia (capital), hay mercado en la Plaza Mayor.

Embutidos

Martín Cuesta
✉ A 601, salida 66. Gomezserracín.
☎ 921 168 302.
🖰 www.martincuesta.com
Excelente chorizo artesano.

Embutidos Gamar
✉ Ctra. CL 603, km 84. Pinillos de Polendos.
☎ 921 496 378.
Chorizo de Cantimpalos.

La Matillana
✉ Montana, 14. La Matilla.
☎ 921 533 740.
🖰 http://embutidosla matillana.com
Costillas, lomo de cerdo y chorizo.

Quesos

Quesería de Armuña
✉ Sta. María, 13. Armuña.
☎ 606 802 146.
Quesos artesanos curados de oveja, crema de queso y yogures de leche de oveja.

Quesería Celestino Arribas
✉ Honda, 10. Escalona del Prado.
☎ 921 575 700.
🖰 https://celestinoarribas. com
Quesos elaborados con leche cruda de oveja.

Delicatessen

Suprême Delicatessen
✉ Cronista Lecea, 11. Segovia.
☎ 921 460 253.

Coqueta tienda de alimentación con muy buenos vinos.

Pastelerías

El Alcázar

✉ Plaza Mayor, 13. Segovia.
☎ 921 462 118.
🖰 www.confiteriael alcazar.com
Célebre su ponche segoviano.

El Acueducto

✉ Cervantes, 22. Segovia.
☎ 921 461 950.
🖰 https://pasteleria acueducto.com
Desde 1986, dulces de gran calidad y variedad.

Pastelería Yagüe

✉ Bruno Ortega, 10. El Espinar.
☎ 921 182 121.
Excelentes los típicos borrachos del Cristo del Caloco.

Pastelería El Castillo

✉ Plaza de España, 2. Sepúlveda.
☎ 525 592 443.
Ofrece variedad de dulces, como las típicas rosquillas de Castrillo.

Pastelería La Peña

✉ Plaza de España, 19. Sepúlveda.
☎ 921 540 089.
Dulces artesanos, además de embutidos, vinos y licores.

ARTESANÍA

Buena parte de los artesanos de Segovia se asocian en el Gremio Artesanal Segoviano.
✉ Trinidad Zamarramala, 2. Segovia.
☎ 637 096 961.
🖰 www.gremiarse.es

Cerámica

Mateo Sanz de Santos

✉ Judería Vieja, 3. Segovia.
☎ 921 462 204.
Además de la cerámica más tradicional, de gran calidad por cierto, sorprenden las piezas más artísticas e innovadoras.

Alfarería Martín

✉ Real, 3. Fresno de Cantespino.
🖰 www.alfareriamartin.es

Espacio de Arte

✉ Ctra. de las Tres Casas, 107. Segovia.
☎ 921 921 466.
🖰 https://espaciodearte. com
El pintor Pablo Caballero comanda este espacio artístico donde también se organizan talleres de cerámica, pintura y reciclaje.

La Cija

✉ Ctra. Soria, 27. Torrecaballeros.
☎ 921 401 111.
🖰 https://lacija.com

Cuero

F. Abad

✉ Pl. San Miguel, 3. Maderuelo.
☎ 921 556 134.
🖰 www.fabad.es

El Hada Leanan

✉ Pza. Cronista Artigas, 5. Ayllón.
☎ 655 256 304.
🖰 https://hadaleanan.com

Madera

Antonio Cristóbal. Muebles Artesanos Soc. Coop.

✉ Calzada, 12. Pedraza.
☎ 921 509 904.
🖰 www.mueblesartesanos. es

▍Cultura, espectáculos y ocio

FESTIVALES

La Fundación Don Juan de Borbón coordina desde hace décadas algunos de los encuentros y festivales musicales que tienen lugar en **Segovia**: en fechas próximas a la Semana Santa la **Semana de Música Sacra**, a lo largo de todo el año el ciclo de conciertos **921 Distrito Musical**, y a partir de noviembre las **Jornadas de Música Contemporánea**.

Además, en mayo se celebran el festival de **Música Diversa** y el **Festival Musical de Segovia**. A finales de junio y principios de julio se homenajea la memoria de Agapito Marazuela con el **Folk Segovia**, un festival de música tradicional que llena todos los rincones de la ciudad.

Los **Martes en la Muralla** llenan de música el adarve de la puerta de San Andrés durante el mes de agosto.

El **Festival de Narradores Orales** reúne también en julio a los mejores contadores de historias.

La literatura tiene su espacio durante el mes de septiembre con el **Hay Festival**; el cine en noviembre con **Sé_Cine, la Muestra de Cine de Segovia**; y el jazz, a finales de noviembre, con el festival **Segojazz**.

Además, en Segovia tiene lugar, en el mes de mayo, **Titirimundi**, o lo que es lo mismo: el Festival Internacional de Títeres. Uno de los más prestigiosos de Europa. Durante dos semanas, teatros, calles y espacios públicos se transforman con las propuestas de las compañías de títeres más famosas del mundo.

En **Sepúlveda**, el tercer fin de semana de julio, se celebra la **Fiesta de los Fueros**. Por unos días la villa vuelve a la Edad Media gracias a la participación de la gente del pueblo que se viste como entonces. También hay puestos de artesanía y actuaciones teatrales.

En **Pedraza**, durante los dos primeros sábados de julio, tienen lugar los **Conciertos de las Velas**. Los escenarios son la Plaza Mayor y el castillo. Y para dar más solemnidad a la música, las calles de la villa se iluminan con más de 40.000 velas.

La tercera semana de abril tiene lugar en Cuéllar la Feria de Artesanía en el patio del castillo.

Y a principios de julio se celebra, en **Riaza**, el **Huercasa Country Festival**.

BARES Y PUBS

Zona plaza de San Martín

Desde el Acueducto sube la calle Cervantes, llena de comercios de todo tipo. Un poco más arriba cambia de nombre pasando a llamarse Juan Bravo, y a esta altura se encuentran algunos bares y cafés que se asoman a la animada plaza de San Martín.

Zona soportales de la Plaza Mayor

Situada en la zona más alta de la ciudad, en ella confluyen las vías más importantes del centro. Numerosos bares, restaurantes, cafés con amplias terrazas y alguna confitería son los lugares más frecuentados, bien a la hora del aperitivo o por la tarde, entre la hora del café y las copas. Podemos visitar algunos de los mesones más auténticos como el José María o el Alejandro (detrás del Palacio episcopal).

Zona de la plaza del Azoguejo

Por la cuesta que sube paralela al Acueducto (Ruiz de Alda) hay numerosos bares con diferente música y clientela, y un par de discotecas muy animadas.

▍Turismo activo

ESQUÍ

Estación de La Pinilla
- ✉ La Pinilla. Cerezo de Arriba.
- ☎ 921 551 113.
- 🖥 www.lapinilla.es

MONTAÑISMO Y SENDERISMO

Abantos
- ✉ Río, 5. Navas de Riofrío.
- ☎ 616 258 542.
- 🖥 www.senderos delduraton.com

Areva
- ✉ Ctra. Navacerrada, 7. Valsaín.
- ☎ 639 859 258.
- 🖥 www.areva-valsain.com

Escuela de montañismo, deportes en la naturaleza, camapamentos...

PIRAGÜISMO

Amigos del Duratón
- ✉ San Juan. Sebúlcor.
- ☎ 630 990 559 .
- 🏠 www.amigosdel duratonsegovia.es

Canoas Duratón
- ✉ Arias de Miranda, 36. San Miguel de Bernuy.
- ☎ 663 221 663.
- 🏠 https://canoasduraton. com

RUTAS A CABALLO

La Morada del Caballo
- ✉ El Espinar.
- ☎ 657 188 822.
- 🏠 http://lamoradadel caballo.es

Yeguada La Granja
- ✉ Fista de Taqueo del Real Campo de Polo. La Granja.
- ☎ 636 220 631.

VUELOLO SIN MOTOR /ALA DELTA

Aeródromo Deportivo Fuentemilanos
- ☎ 669 286 554.
- 🏠 www.fuentemilanos. com

Vuelo Libre Arcones
- ☎ 685 023 207.
- 🏠 www.cvlarcones.net

▍ Alojamientos

SEGOVIA

Áurea Convento Capuchinos***
- ✉ Plazuela Capuchinos, 2.
- ☎ 921 415 250.
- 🏠 www.eurostarshotels. com
- 🛏 Habitación doble: desde 140 €.

El primer establecimiento con categoría de cinco estrellas en la capital segoviana. Con vistas al valle del Eresma. Minimalista y exclusivo.

Hotel AR Los Arcos**
- ✉ Pº Ezequiel González, 26.
- ☎ 921 437 462.
- 🏠 www.hotellosarcos.com
- 🛏 Habitación doble: desde 70 €.

Cercano al Acueducto, moderno y funcional. Garaje, gimnasio, sauna...

Parador de Segovia**
- ✉ Ctra. de Valladolid, s/n. La Lastrilla (a 1 km de Segovia).
- ☎ 921 443 737.
- 🏠 https://paradores.es
- 🛏 Habitación doble: desde 90 €.

Edificio de construcción moderna en el mirador de La Lastrilla. Piscina interior climatizada y zona ajardinada.

Hotel San Antonio el Real**
- ✉ San Antonio el Real, s/n.
- ☎ 921 413 455.
- 🏠 www.sanantonioelreal. es
- 🛏 Habitación doble: desde 115 €.

Ubicado en una parte del monasterio del mismo nombre. Cuenta con habitaciones muy elegantes. La tranquilidad es su principal seña de identidad.

Eurostars Plaza Acueducto**
- ✉ Avda. Padre Claret, 2-4.
- ☎ 921 413 403.
- 🏠 www.eurostarshotels. com
- 🛏 Habitación doble: desde 151 €.

Sencillamente fabuloso. De reciente construcción, y con espectaculares vistas al acueducto romano.

Hotel Real**
- ✉ Juan Bravo, 30.
- ☎ 921 462 663.
- 🏠 www.recordis hotels.com
- 🛏 Habitación doble: desde 65 €.

El antiguo hotel Las Sirenas es ahora, totalmente reformado, un establecimiento de 4 estrellas, funcional y céntrico, próximo a la catedral.

Hotel Acueducto*
- ✉ Padre Claret, 10.
- ☎ 921 424 800.
- 🏠 www.eurostarshotels. com
- 🛏 Habitación doble: desde 75 €.

Frente al Acueducto. Cómodo y funcional.

Hotel Spa La Casa Mudéjar*
- ✉ Isabel la Católica, 8.
- ☎ 921 466 250.
- 🏠 www.lacasamudejar. com
- 🛏 Habitación doble: desde 60 €.

Palacete mudéjar del siglo xv que integra en sus estancias artesanados originales, un aljibe y hasta restos romanos.

Hotel Condes de Castilla*
- ✉ José Canalejas 5.
- ☎ 921 463 529.
- 🏠 www.hotelcondes decastilla.com
- 🛏 Habitación doble: desde 70 €.

Junto a la iglesia de San Martín. Elegante y funcional.

Hotel Don Felipe*
- ✉ Daoiz, 7.
- ☎ 921 466 095.
- 🏠 www.hoteldonfelipe.es
- 🛏 Habitación doble: 85 €.

En el centro histórico. Instalaciones modernas y muy bien decorado. Cuenta con una agradable terraza y jardines.

Hotel Infanta Isabel***

- ✉ Plaza Mayor, 12.
- ☎ 921 461 300.
- 🌐 www.recordishotels.com
- 🛏 Habitación doble: desde 85 €.

Edificio rehabilitado del siglo XIX. Confortable.

Hotel Corregidor**

- ✉ Tres de abril, 1.
- ☎ 921 425 761.
- 🌐 www.hotelcorregidor.com
- 🛏 Habitación doble: desde 50 €.

Antiguo caserón restaurado. Cómodo y bien equipado.

Hostal Juan Bravo*

- ✉ Juan Bravo, 12.
- ☎ 921 463 413.
- 🌐 https://hotelesmhsegovia.es
- 🛏 Habitación doble: desde 55 €.

Pequeño hostal próximo a la Judería.

Hostal Plaza*

- ✉ Cronista Lecea, 11.
- ☎ 921 460 303.
- 🛏 Habitación doble: desde 54 €.

26 habitaciones reformadas, algunas con ducha.

Aguilafuente

La Casa del Cubón****

- ✉ Angosta, 34.
- ☎ 665 232 248.
- 🌐 www.lacasadelcubon.com
- 🛏 Habitación doble: desde 70 €.

Edificio de nueva planta situado en el casco urbano. Dispone de 6 habitaciones dobles. Servicio de restauración.

Burgomillodo

El Rincón de las Hoces

- ✉ Pajera, 11.
- ☎ 659 592 332.
- 🌐 https://elrincondelashoces.com
- 🛏 Habitación doble: desde 65 €.

Al pie del embalse de Burgomillodo, un lugar excelente para actividades al aire libre. Habitaciones encantadoras y un restaurante con una carta llena de platos riquísimos y a buen precio.

Collado Hermoso

Posada Fuenteplateada

- ✉ Camino de las Rozas, s/n.
- ☎ 618 978 974.
- 🛏 Habitación doble: desde 95 €.

Típica posada situada en Guadarrama. Tiene restaurante, jardín, biblioteca y terraza.

Cuéllar

Hotel Florida**

- ✉ Ctra. A 601, km 57.
- ☎ 921 140 368.
- 🌐 https://floridacuellar.com
- 🛏 Habitación doble: desde 60 €.

10 habitaciones perfectamente equipadas. Dispone de restaurante.

Hostal San Francisco**

- ✉ Avda. Camilo José Cela, 4.
- ☎ 921 140 009.
- 🌐 www.hmsanfrancisco.com
- 🛏 Habitación doble: desde 60 €.

A pocos pasos de la Plaza Mayor. Está decorado en estilo rústico.

Gallegos

Hotel rural La Data****

- ✉ Lámpara, 29.
- ☎ 921 509 087, 699 906 684.
- 🌐 https://ladata.es
- 🛏 Habitación doble: 90 €.

Once habitaciones dobles, algunas de ellas con altillo, para disfrutar del piedemonte de la sierra de Guadarrama.

La Lastrilla

Hostal El Mirador

- ✉ Ctra. Valladolid, 3.
- ☎ 921 431 994.
- 🌐 www.elmirador.net
- 🛏 Habitación doble: desde 50 €.

Con vistas a la ciudad de Segovia, tiene tres habitaciones dobles con baño.

Pedraza

Posada de Don Mariano**

- ✉ Mayor, 14.
- ☎ 921 509 886.
- 🌐 https://hoteldonmariano.com
- 🛏 Habitación doble: desde 90 €.

Esmerada decoración.

Hospedería de Santo Domingo

- ✉ Matadero, 6.
- ☎ 921 509 971.
- 🌐 www.hospederiadesantodomingo.com
- 🛏 Habitación doble: desde 95 €.

Casa noble del siglo XVIII rehabilitada con gusto.

Hotel de la Villa***

- ✉ Matadero, 3.
- ☎ 921 508 651.
- 🌐 www.elhoteldelavilla.com
- 🛏 Habitación doble: desde 98 €.

Habitaciones cuidadas y espléndidas vistas a la sierra.

Perorrubio

El Corral de Perorrubio***

- ✉ Las Eras, 2.
- ☎ 620 991 177.
- 🌐 elcorraldeperorrubio.com
- 🛏 Habitación doble: desde 95 €.

Tranquilo, rústico y acogedor. Fuera de ruta.

Riaza

El Mirador del Hayedo***
- ✉ Cuatro Calles, 10. Riofrío de Riaza.
- ☎ 699 181 170.
- 🖥 www.elmiradordel hayedo.com
- 🛏 Habitación doble: desde 75 €.

Hotelito rural ubicado en Riofrío de Riaza. Rústico y coqueto. Restaurante propio.

Hotel La Plaza**
- ✉ Plaza Mayor, 4.
- ☎ 921 551 055.
- 🛏 Habitación doble: desde 51 €.

Hotel nuevo orientado a los deportes de invierno.

San Ildefonso/ La Granja

Parador de La Granja****
- ✉ Los Infantes, 3.
- ☎ 921 010 750.
- 🖥 https://paradores.es
- 🛏 Habitación doble: desde 130 €.

En la Casa de los Infantes, cuenta con un moderno equipamiento.

Hotel Roma**
- ✉ Guardas, 2.
- ☎ 921 470 752.
- 🖥 https://hotelrestaurante roma.es
- 🛏 Habitación doble: desde65 €.

Establecimiento reformado, próximo al palacio. Habitaciones con buenas vistas.

Hotel La Farm
- ✉ El Barco, 8.
- ☎ 921 524 380.
- 🖥 https://lafarm.es
- 🛏 Habitación doble: desde 89 €.

En pleno centro del Real Sitio. Amplia oferta de salud y bienestar.

Sebúlcor

Hotel Boutique Hoces del Duratón
- ✉ La Matilla, s/n.
- ☎ 921 521 424.
- 🖥 http://hotelhocesdel duraton.com
- 🛏 Habitación doble: desde 82 €.

Dieciocho habitaciones con ciudada decoración y bien equipadas. Dispone de restaurante.

Sepúlveda

Hotel Vado del Duratón***
- ✉ San Justo y Pastor, 10.
- ☎ 921 540 813.
- 🖥 www.vadodel duraton.com
- 🛏 Habitación doble: desde 85 €.

Moderno y funcional por dentro, una antigua casona rehabilitada por fuera. Buen nivel de servicios. y equipamiento Destaca su restaurante, que no debéis dejar de visitar.

Hostal El Panadero*
- ✉ Conde Sepúlveda, 4.
- ☎ 921 540 378.
- 🖥 https://asadorel panadero.es
- 🛏 Habitación doble: desde 56 €.

Trato familiar e instalaciones acogedoras. Muy céntrico.

Hostal Villa de Sepúlveda*
- ✉ Ctra. de Boceguillas, 9.
- ☎ 921 540 302.
- 🛏 Habitación doble: desde 5545 €.

Posada de San Millán
- ✉ Del Vado, 12.
- ☎ 646 840 483.
- 🖥 www.posada sanmillan.es
- 🛏 Habitación doble: desde 75 €.

Entre sus instalaciones destaca el amplio y bonito jardín y el bello patio interior renacentista.

Torrecaballeros

El Rancho de la Aldegüela****
- ✉ Plaza del Mediodía.
- ☎ 921 401 060.
- 🖥 https://finca elrancho.es
- 🛏 Habitación doble: desde 92 €.

En una antigua finca agrícola del siglo XVII, se han adaptado 49 habitaciones, con todo tipo de detalles, spa y piscina de verano. También disponen de una posada con 29 habitaciones y una casa rural.

Valsaín

Hostal La Chata
- ✉ Ctra. de Robledo, 13.
- ☎ 921 472 109.
- 🖥 https://lachata.es
- 🛏 Habitación doble: desde 48 €.

Casa de nueva construcción. Dispone de cinco habitaciones dobles.

Villacorta

El Molino de la Ferrería***
- ✉ Camino del Molino, s/n.
- ☎ 628 877 192.
- 🖥 https://molinodela ferreria.com

Antiguo molino harinero, completamente rehabilitado, a orillas del río Vadillo.

CAMPINGS

Riaza
- ✉ Ctra. de la Estación, s/n.
- ☎ 921 550 580.
- 🖥 www.camping- riaza.com

2ª categoría. Abierto todo el año. Bungalós y *mobilhomes*. Piscina.

Información práctica

TRANSPORTES

▌ Autobuses

Estación de autobuses de Segovia
✉ Paseo de Ezequiel González, 20.
☎ 921 436 782.
Avanza
☎ 91 272 28 32
🖰 www.avanzabus.com
Linecar
☎ 921 427 705.
🖰 www.linecar.es
Autobuses urbanos
☎ 900 925 303.
🖰 https://segovia.avanzagrupo.com

▌ Ferrocarriles

Estación Segovia Guiomar
✉ Pº Campos de Castilla, s/n.
☎ 912 320 320.
🖰 www.renfe.com
A 6 km del centro de la ciudad, aquí llega el Ave. Hay un servicio regular de autobuses hasta la plaza del Azoguejo.

▌ Taxis

Radio Taxi
✉ Paradas: plaza del Azoguejo, Plaza Mayor, Renfe y Albuera.
☎ 921 445 000.
🖰 www.radiotaxisegovia.es

▌ Alquiler de automóviles

Avis
☎ 921 487 893.
🖰 www.avis.es
Hertz
☎ 921 050 600.
🖰 www.hertz.es

CALENDARIO DE FIESTAS

▌ Enero
Fiesta de los Quintos
Se celebra en **Otero de Herreros,** en torno al día de Reyes. Rondas nocturnas, recogida de gallos y gallinas, cuestación por todas las casas del pueblo, carrera de cintas y toda una serie de rituales, que han permanecido invariables a través de los tiempos. También es verdad que la participación está bastante limitada al colectivo de mozos y mozas.
Fiesta de San Sebastián
El día 20 en **Navafría**: el protagonismo lo detentan las mujeres con cargos en la cofradía. Vestidas con trajes de segovianas. Todo el pueblo asiste después a tomar bollos y a bailar.

▌ Febrero
Fiesta de Santa Águeda
Se celebra el día 5, siempre entre mujeres casadas, en muchos pueblos de la provincia, siendo el más célebre **Zamarramala,** donde acuden miles de personas para asistir a la quema del "Judas" y catar la tajada de longaniza.

Carnavales
El frío suele ser el peor enemigo de estas fiestas. La ciudad y la animosa villa de **Cuéllar** concentran los mejores esfuerzos de las comparsas y disfraces. En **Prádena** se celebra un interesantísimo entierro de la sardina.

▌ Marzo/abril
Semana Santa
Distintas procesiones recorren la ciudad, así como en los pueblos. Coincidiendo con la Semana Santa, en el Torreón de Lozoya se celebra la Feria de la Artesanía.

▌ Mayo
Romerías
El mes de las romerías. La geografía segoviana está cuajada de espacios recónditos en los que se levanta una ermita.

▌ Junio
San Antonio de Padua
Cuenta este buscador de novios con una ermita monumental en **Las Navas de San Antonio,** donde el día 13 se congregan muchísimos devotos.
Ferias y fiestas de San Juan y San Pedro
Del 16 al 30, en **Segovia** capital, con hogueras en la plaza Mayor, bailes populares en el Azoguejo, gigantes y cabezudos y corridas de toros.

❙ Agosto

San Félix Albarquero

En **Muñoveros**, el día 1 se festeja a este santo remendón con unas danzas de paloteos por parte de las mozas. Por la noche, bailes hasta la madrugada.

San Lorenzo

El día 10 se celebran fiestas en el populoso barrio de la ciudad que lleva su nombre.

Nuestra Señora

El día 15 muchos pueblos y villas celebran su fiesta patronal como **Aguilafuente**, **Cantalejo** y **Mozoncillo**.

San Bartolomé

El 23 de agosto, víspera de la fiesta del santo, se celebra en **Sepúlveda** *El Diablillo*. A las 22 h el pueblo solo queda alumbrado por una gran hoguera y mozos vestidos de diablillos persiguen a la concurrencia.

San Luis

Día 25, en **La Granja de San Ildefonso**. Junto a los ingredientes propios de toda gran fiesta patronal se añade aquí una gran judiada compartida fraternalmente.

Los encierros

Coincidiendo con las fiestas patronales de *Nuestra Señora del Rosario,* el último domingo de agosto, se celebra en **Cuéllar** una de las fiestas más populosas de toda la provincia: los encierros. En esas fechas también **Sepúlveda** celebra sus fiestas patronales con encierros y espectáculos taurinos.

❙ Septiembre

Procesión de los Cirios

El día 7 se realiza esta procesión. en **Santa María la Real de Nieva**, dedicada a Nuestra Señora de Soterraña.

Fiesta del Teo

Se celebra en **El Espinar,** el tercer sábado de septiembre, víspera de la bajada a la ermita del Cristo del Caloco; el Ayuntamiento de esta villa prence una hoguera en la plaza de toros, que dura toda la noche.

San Miguel

Fiesta el día 29 en la villas de **Fuentidueña** y **Ayllón**, con partidos de pelota y toros respectivamente en una y otra.

❙ Octubre

San Frutos Pajarero

Patrón de la diócesis. Aparte de los actos que tienen lugar en la capital y de la tradicional concentración a media noche ante la puerta de la catedral a él dedicada para ver cómo el santo "pasa la página" del libro que tiene en su mano izquierda, muchos segovianos participan en la romería a la ermita del priorato de San Frutos, en las Hoces del Duratón.

OFICINAS DE TURISMO

❙ Segovia

Centro de Recepción de Visitantes
- ✉ Pza. del Azoguejo, 1.
- ☎ 921 466 720 / 721.
- 🔗 https://turismo desegovia.com
- 🔗 https://segovia turismo.es
- 🔗 www.turismocastilla yleon.com

❙ Ayllón

Oficina de Turismo
- ✉ Plaza Mayor.
- ☎ 680 717 278.
- 🔗 www.ayllon.es

❙ Cuéllar

Oficina de Turismo
- ✉ Castillo de Cuéllar.
- ☎ 921 142 203.
- 🔗 www.cuellar.es

❙ La Granja

Oficina de Turismo
- ✉ Pza. Dolores, 1.
- ☎ 921 473 953.
- 🔗 www.turismoreal sitiodesanildefonso.com

❙ Pedraza

Oficina de Turismo
- ✉ Real, 3.
- ☎ 921 508 666.

❙ Riaza

Oficina de Turismo
- ✉ Plaza Mayor, 1.
- ☎ 921 550 430.

❙ Sepúlveda

Oficina de Turismo
- ✉ Plaza del Trigo, 6.
- ☎ 921 540 237.
- 🔗 www.turismo sepiulveda.es

Índice de lugares